INTRODUCTIC

You must complete the game by filling a 9x9 grid with digits from 1 to 9 in such a way that each row, column, and 3x3 subgrid contains every digit only once.

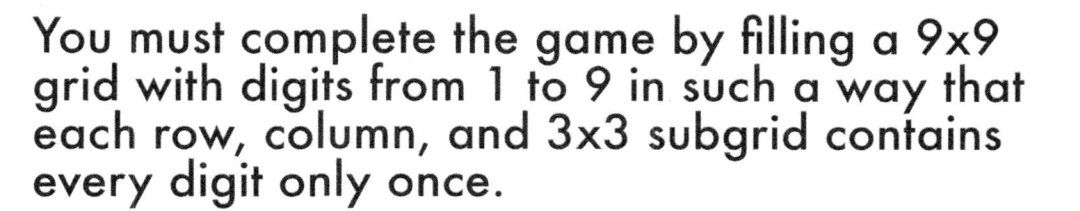

	8	7		6	5	3		1
	5		1	3	2			7
3	2		7			6	5	
5	6					7	9	8
	1	2		7		5		3
7		8	3		6			2
8		9	6	2			3	5
			9	8	7		4	
		4	6		1	3	8	

9	8	7	4	6	5	3	2	1
6	5	4	1	3	2	9	8	7
3	2	1	7	9	8	6	5	4
5	6	3	2	4	1	7	9	8
4	1	2	8	7	9	5	6	3
7	9	8	3	5	6	4	1	2
8	7	9	6	2	4	1	3	5
1	3	5	9	8	7	2	4	6
2	4	6	5	1	3	8	7	9

Easy - Puzzle #1

4				9			2	6
	3	9	2	8				
		2	5	3			9	
2		3	9	4	5			1
	9			1		7	4	2
8	1			2	7	9		5
	2	1	4		8	5	6	
6	4	7	3	5			1	
		8			2		7	9

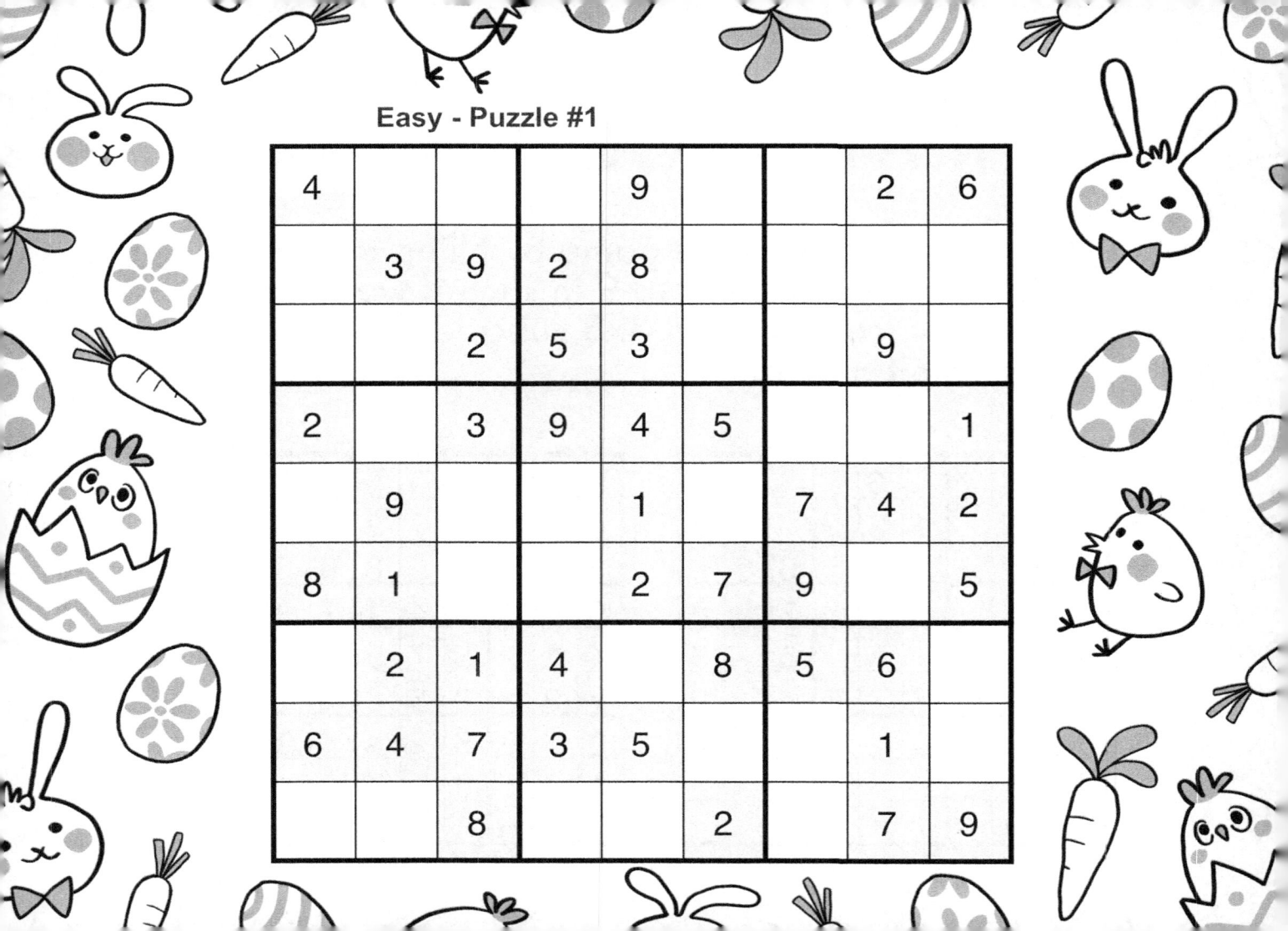

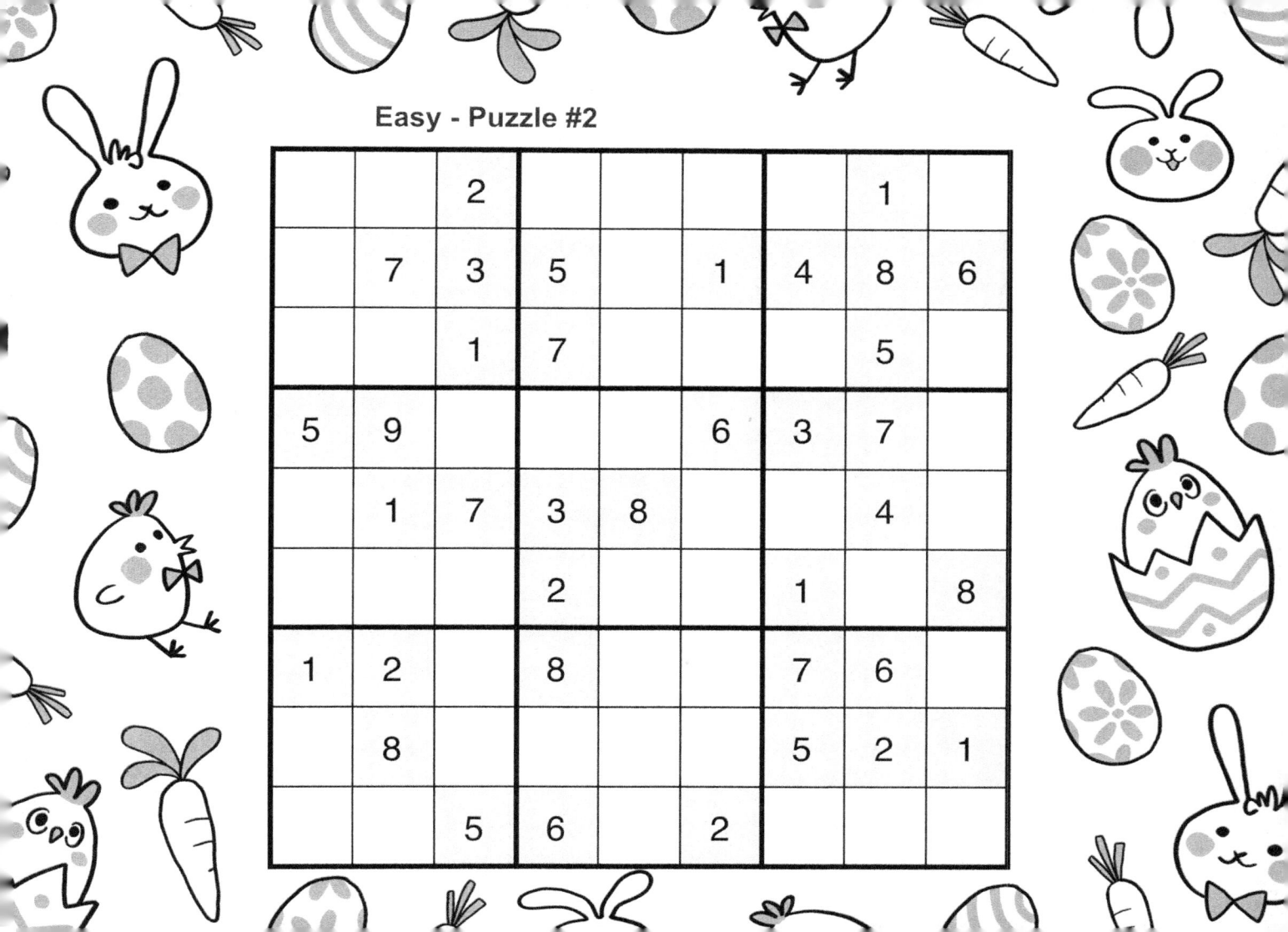

Easy - Puzzle #2

		2					1	
	7	3	5		1	4	8	6
		1	7				5	
5	9				6	3	7	
	1	7	3	8			4	
			2			1		8
1	2		8			7	6	
	8					5	2	1
		5	6		2			

Easy - Puzzle #3

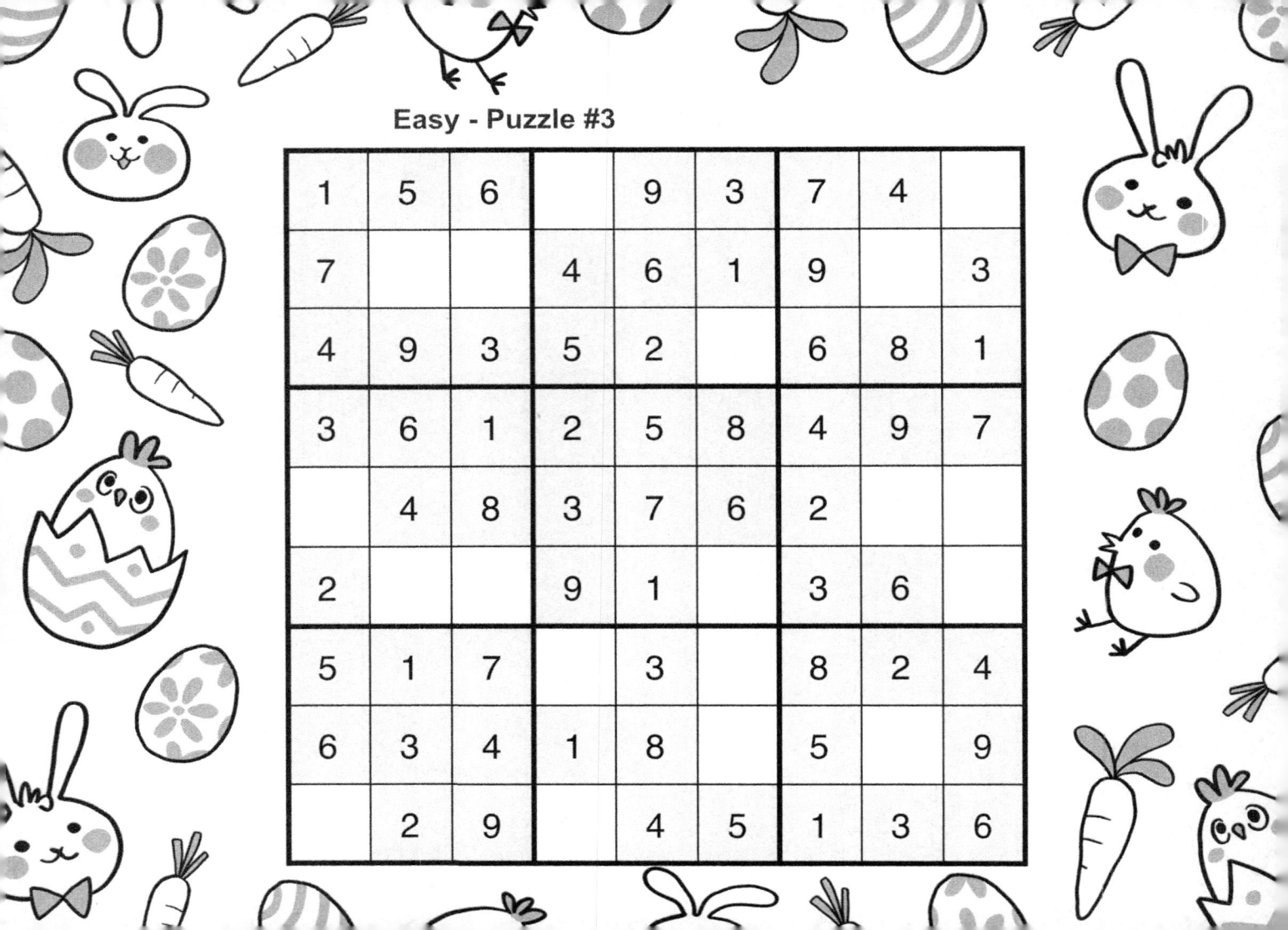

1	5	6		9	3	7	4	
7			4	6	1	9		3
4	9	3	5	2		6	8	1
3	6	1	2	5	8	4	9	7
	4	8	3	7	6	2		
2			9	1		3	6	
5	1	7		3		8	2	4
6	3	4	1	8		5		9
	2	9		4	5	1	3	6

Easy - Puzzle #4

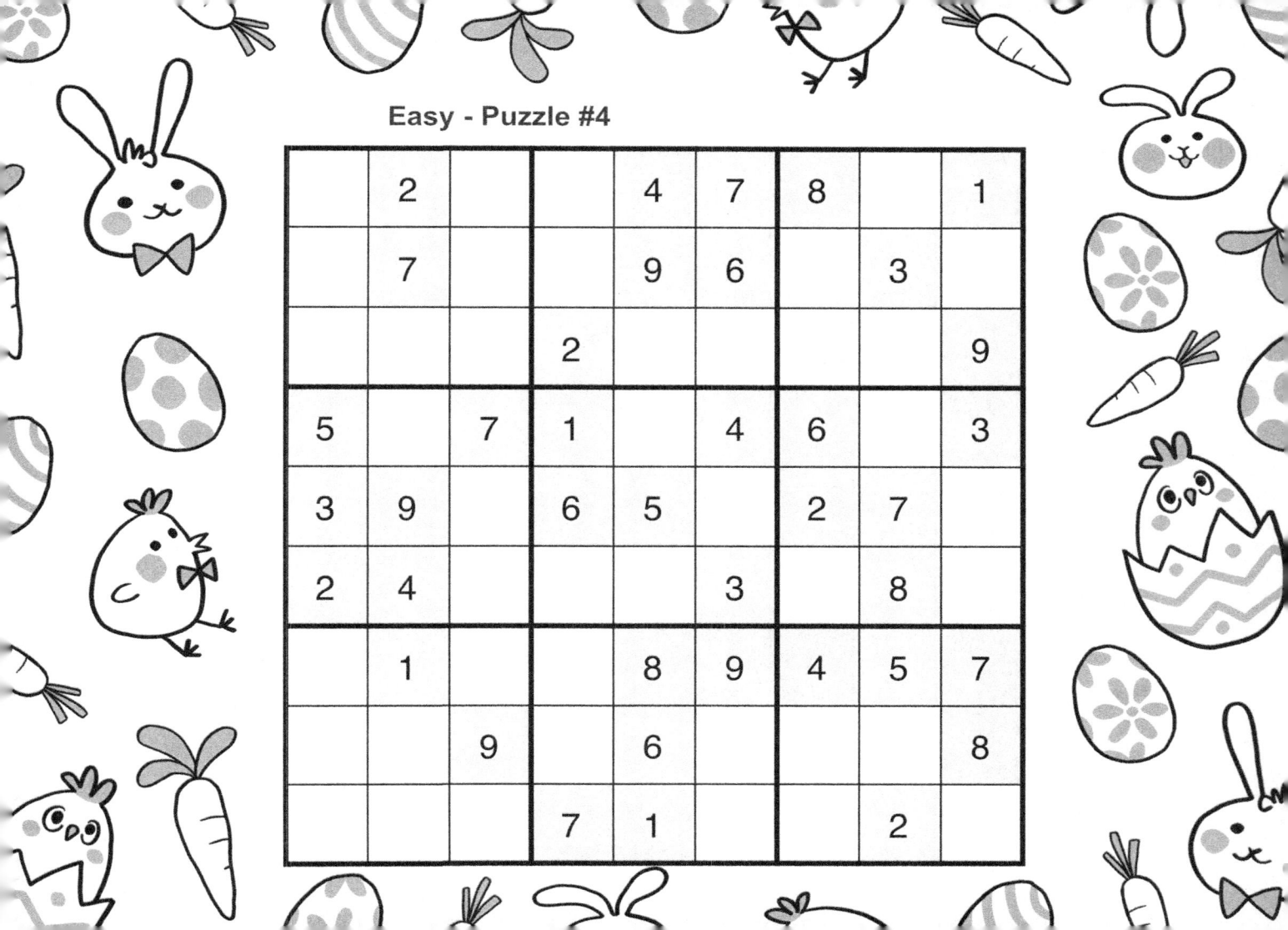

	2			4	7	8		1
	7			9	6		3	
			2					9
5		7	1		4	6		3
3	9		6	5		2	7	
2	4				3		8	
	1			8	9	4	5	7
		9		6				8
			7	1			2	

Easy - Puzzle #5

2	3			6	4	1		
4	1		2				5	
		5		1				
6	8					3	1	
3	5			8		4	7	6
1	7			3	6	8		5
8	9	3		4				
	2	1	6					
		6		5	2		8	

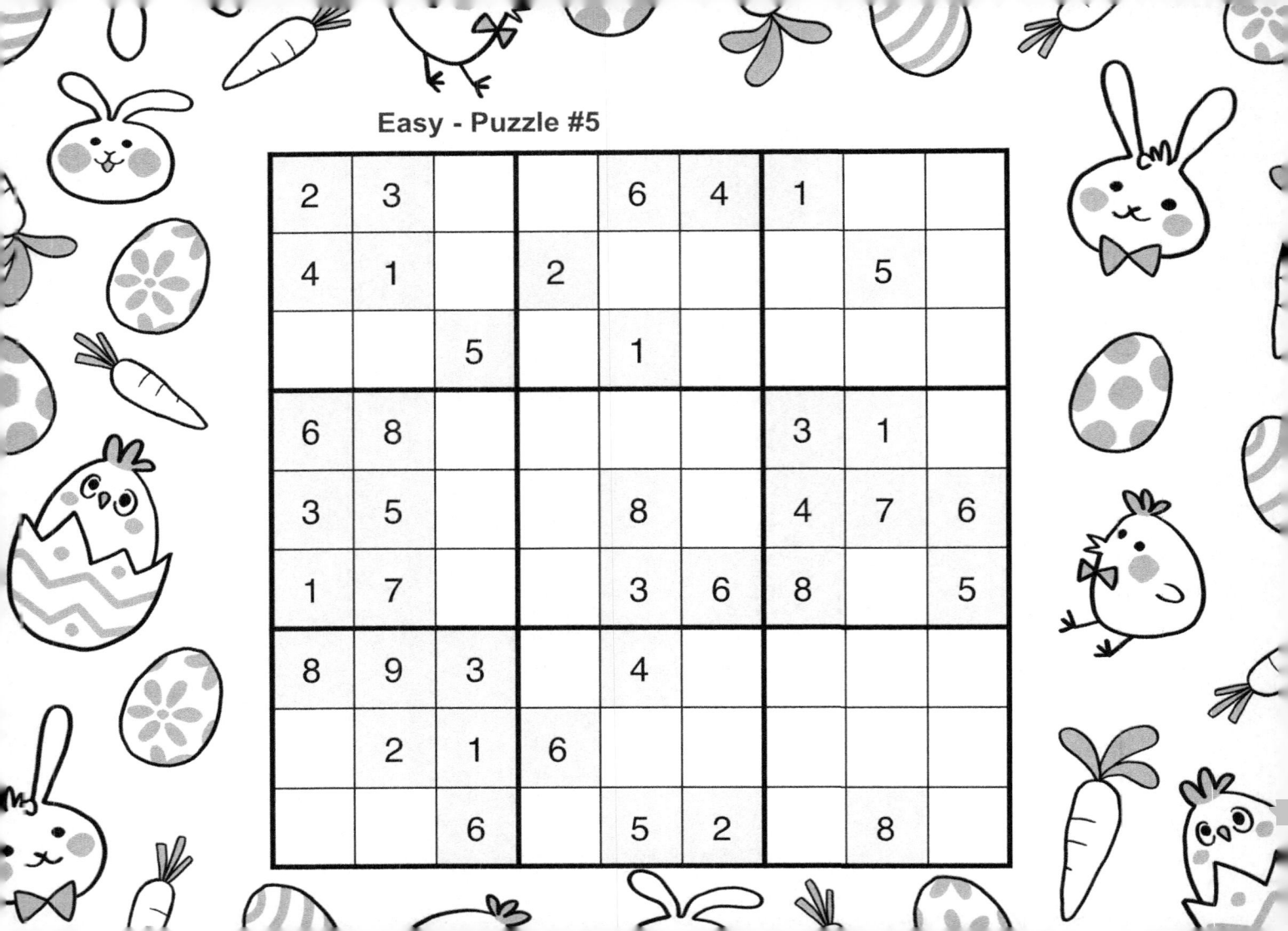

Easy - Puzzle #6

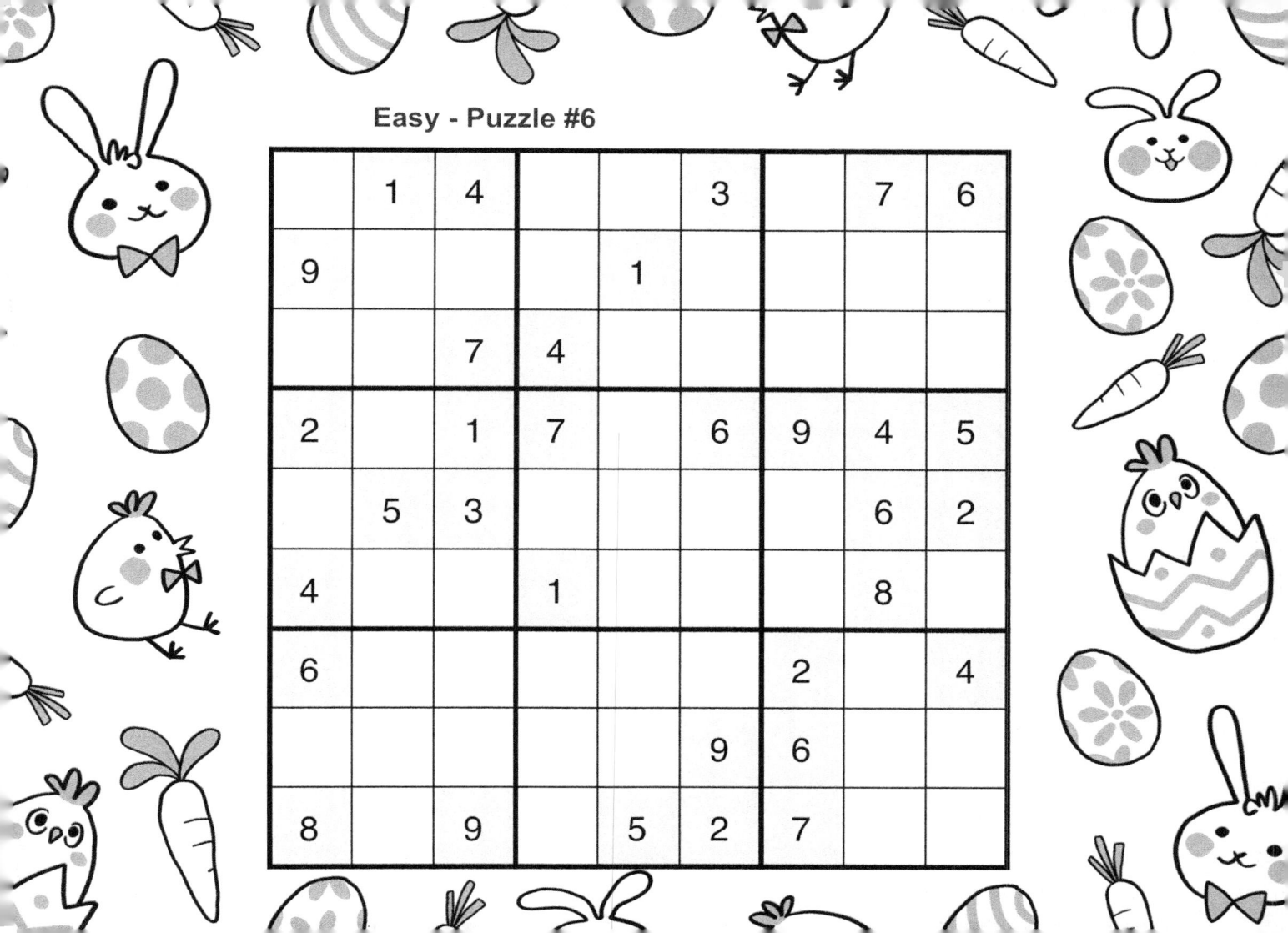

	1	4			3		7	6
9				1				
		7	4					
2		1	7		6	9	4	5
	5	3					6	2
4			1				8	
6						2		4
					9	6		
8		9		5	2	7		

Easy - Puzzle #7

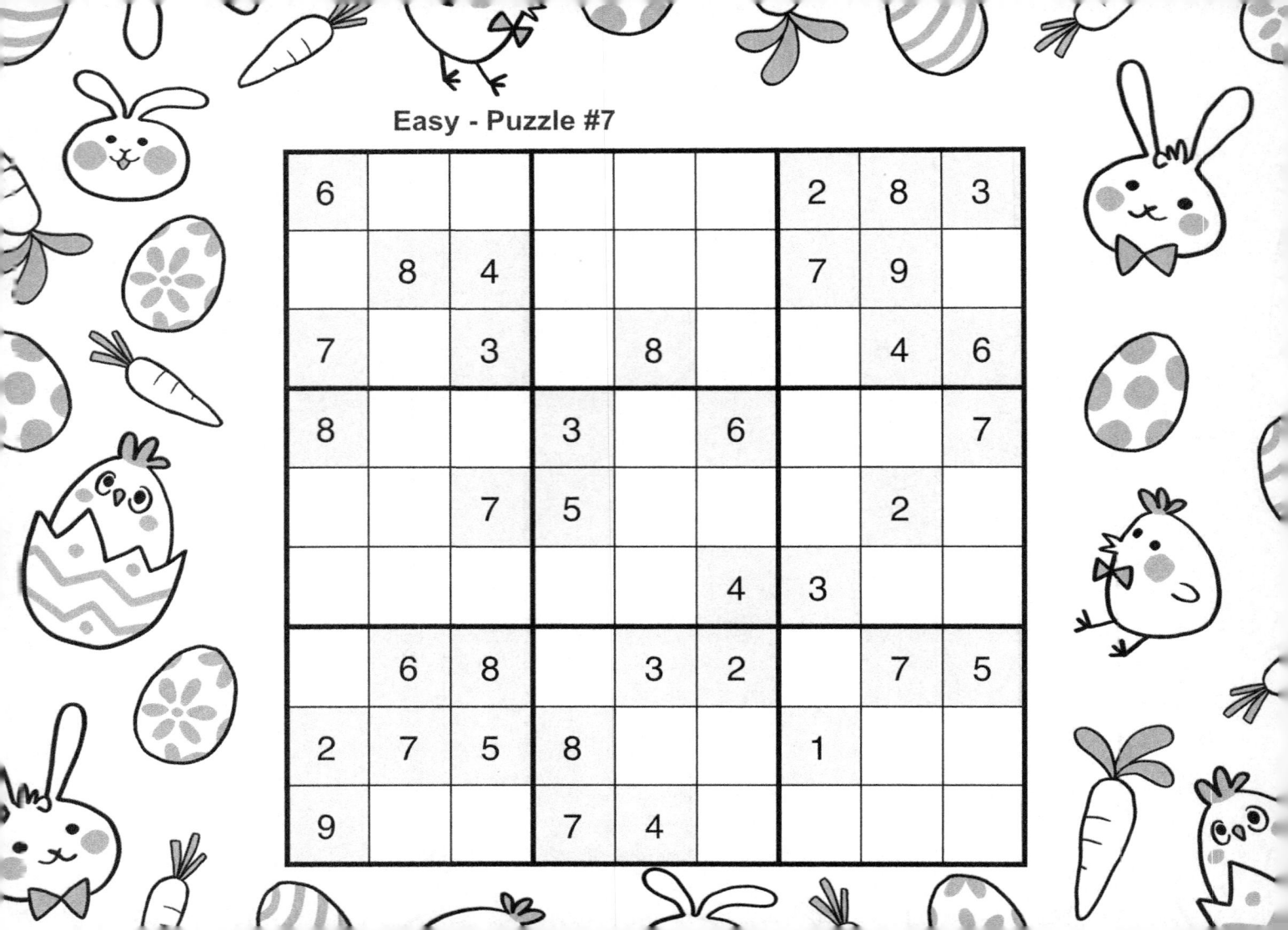

6						2	8	3
	8	4				7	9	
7		3		8			4	6
8			3		6			7
		7	5				2	
					4	3		
	6	8		3	2		7	5
2	7	5	8			1		
9			7	4				

Easy - Puzzle #8

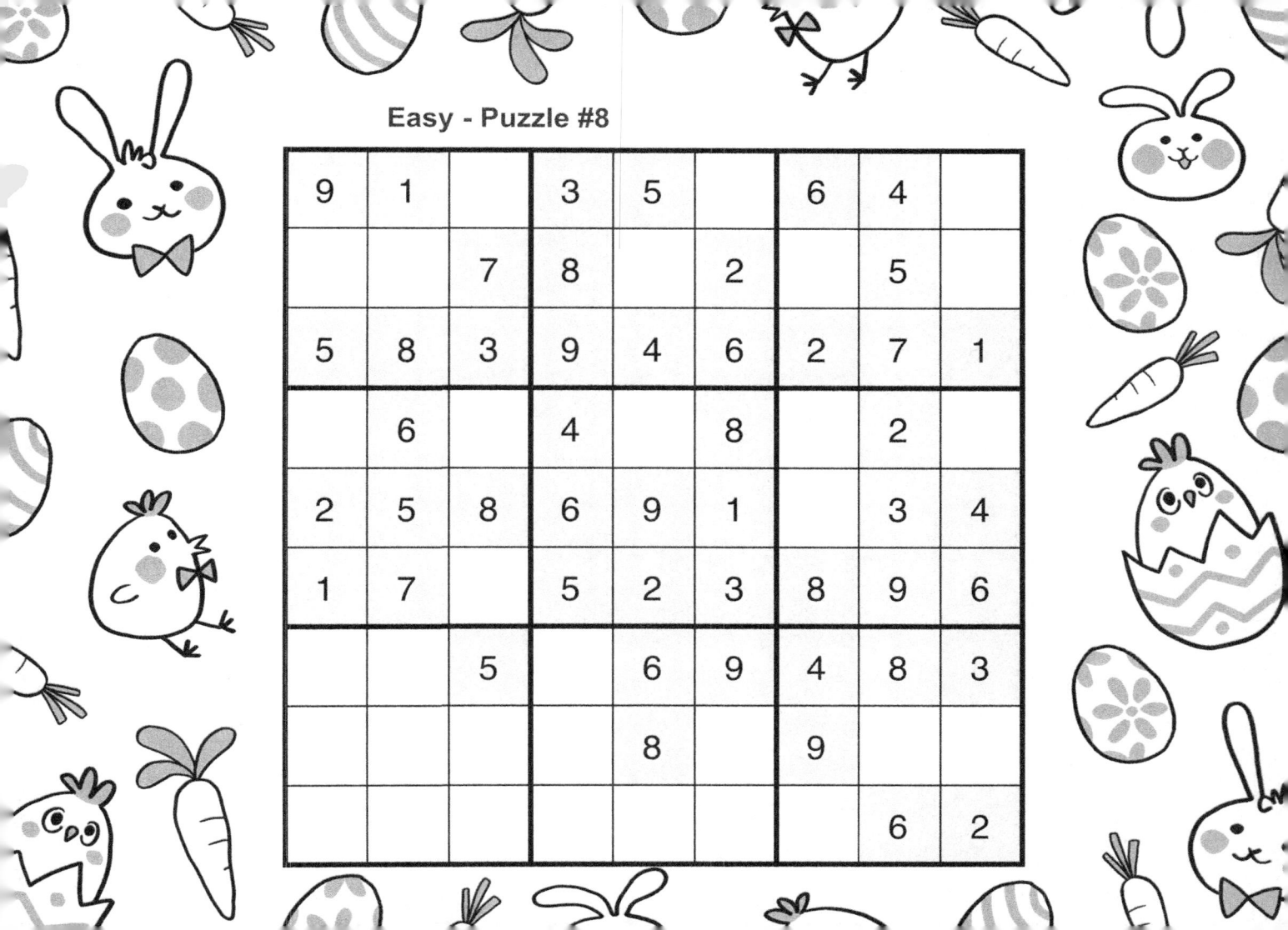

9	1		3	5		6	4	
		7	8		2		5	
5	8	3	9	4	6	2	7	1
	6		4		8		2	
2	5	8	6	9	1		3	4
1	7		5	2	3	8	9	6
		5		6	9	4	8	3
				8		9		
							6	2

Easy - Puzzle #9

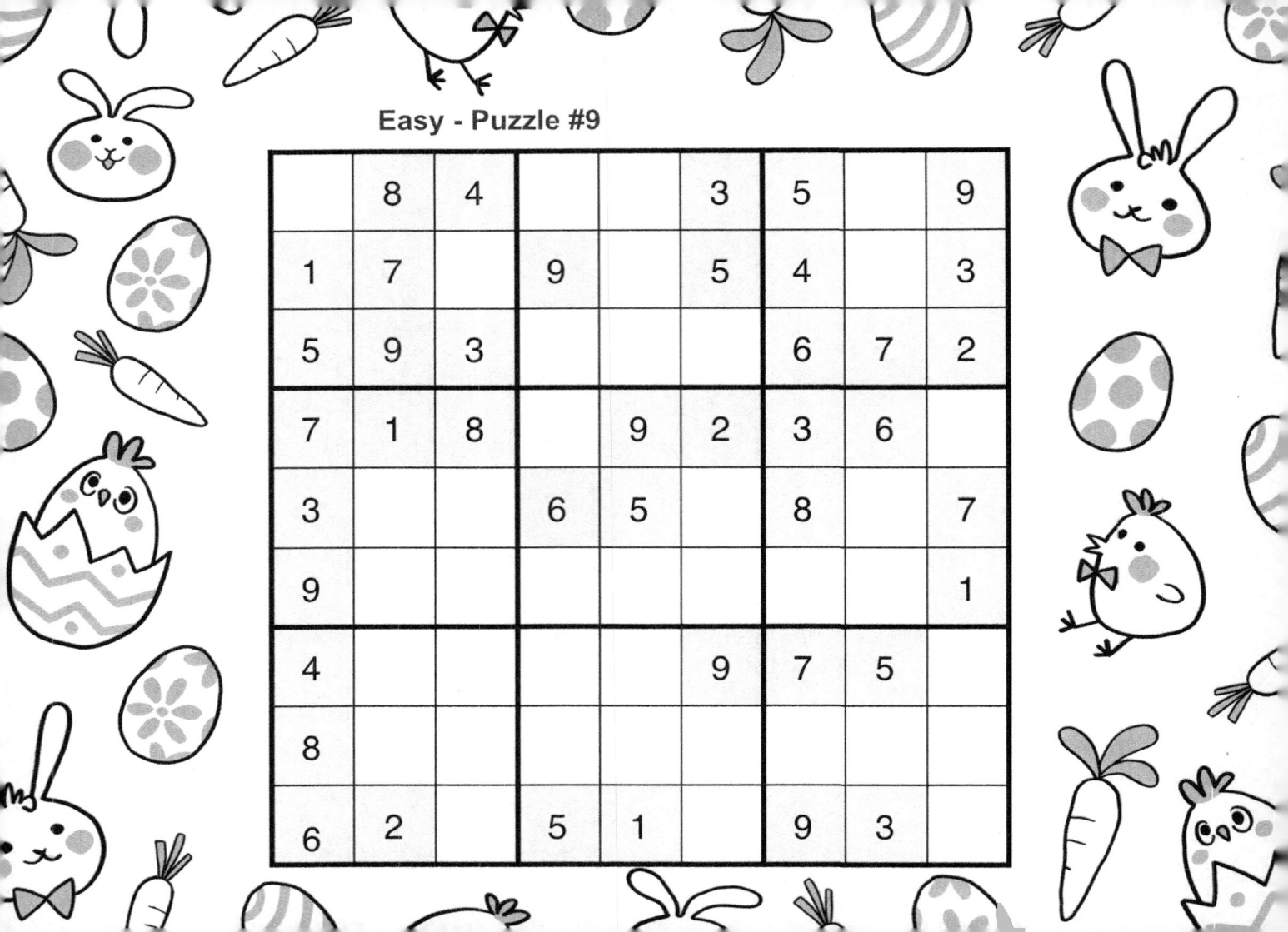

	8	4			3	5		9
1	7		9		5	4		3
5	9	3				6	7	2
7	1	8		9	2	3	6	
3			6	5		8		7
9								1
4					9	7	5	
8								
6	2		5	1		9	3	

Easy - Puzzle #10

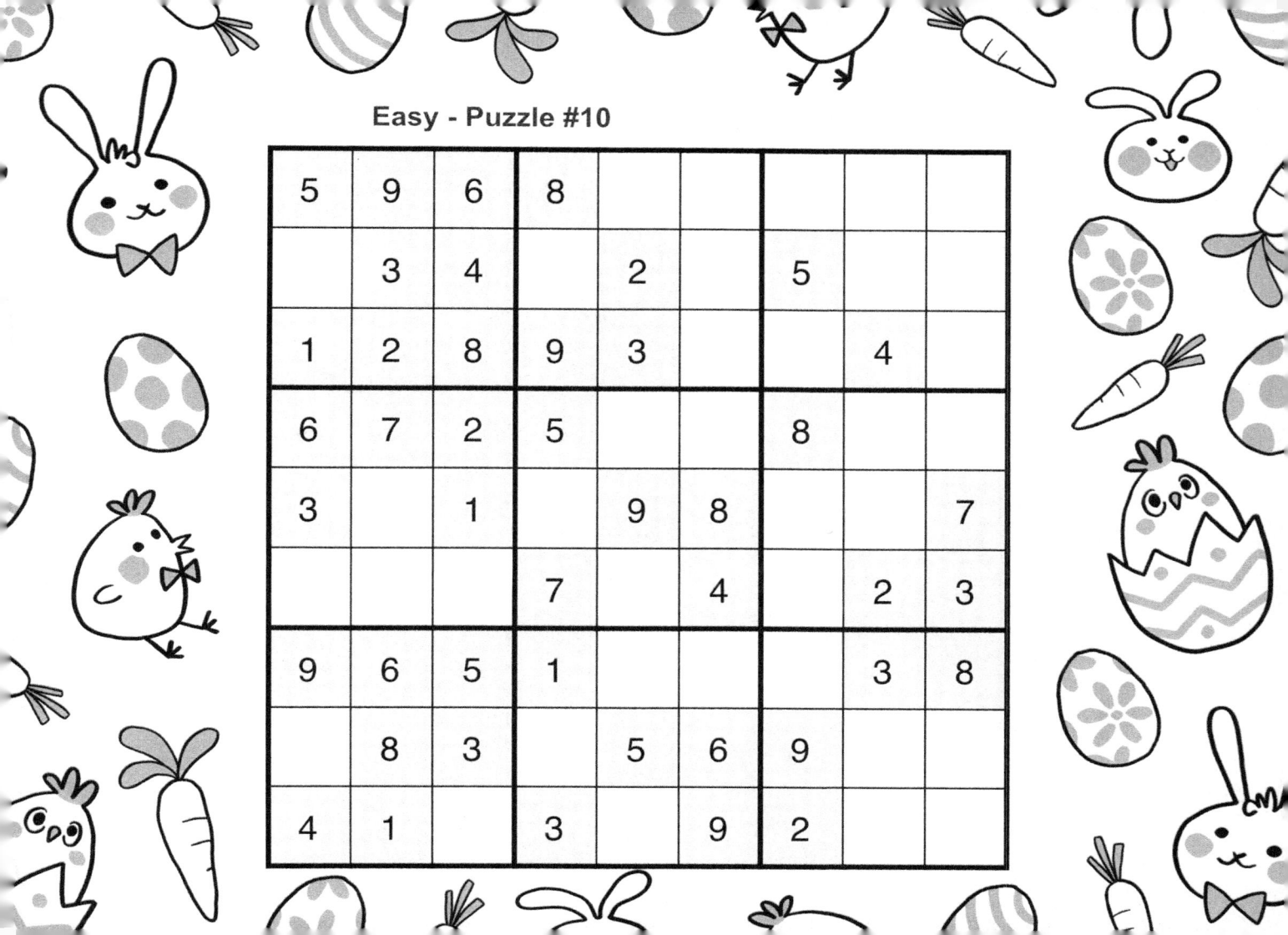

5	9	6	8					
	3	4		2		5		
1	2	8	9	3			4	
6	7	2	5			8		
3		1		9	8			7
			7		4		2	3
9	6	5	1				3	8
	8	3		5	6	9		
4	1		3		9	2		

Easy - Puzzle #11

	5	9		4	2		1	8
1	3	2	5	6	8	7	9	4
4	7		3	9	1			6
5	1	7		3	4		8	9
	9	4	2	8	5	1	6	7
8	2	6	1		9	4		3
7	8	5		2		9	3	1
2	6	3	9	1	7	8	4	5
		1	8	5	3	6	7	

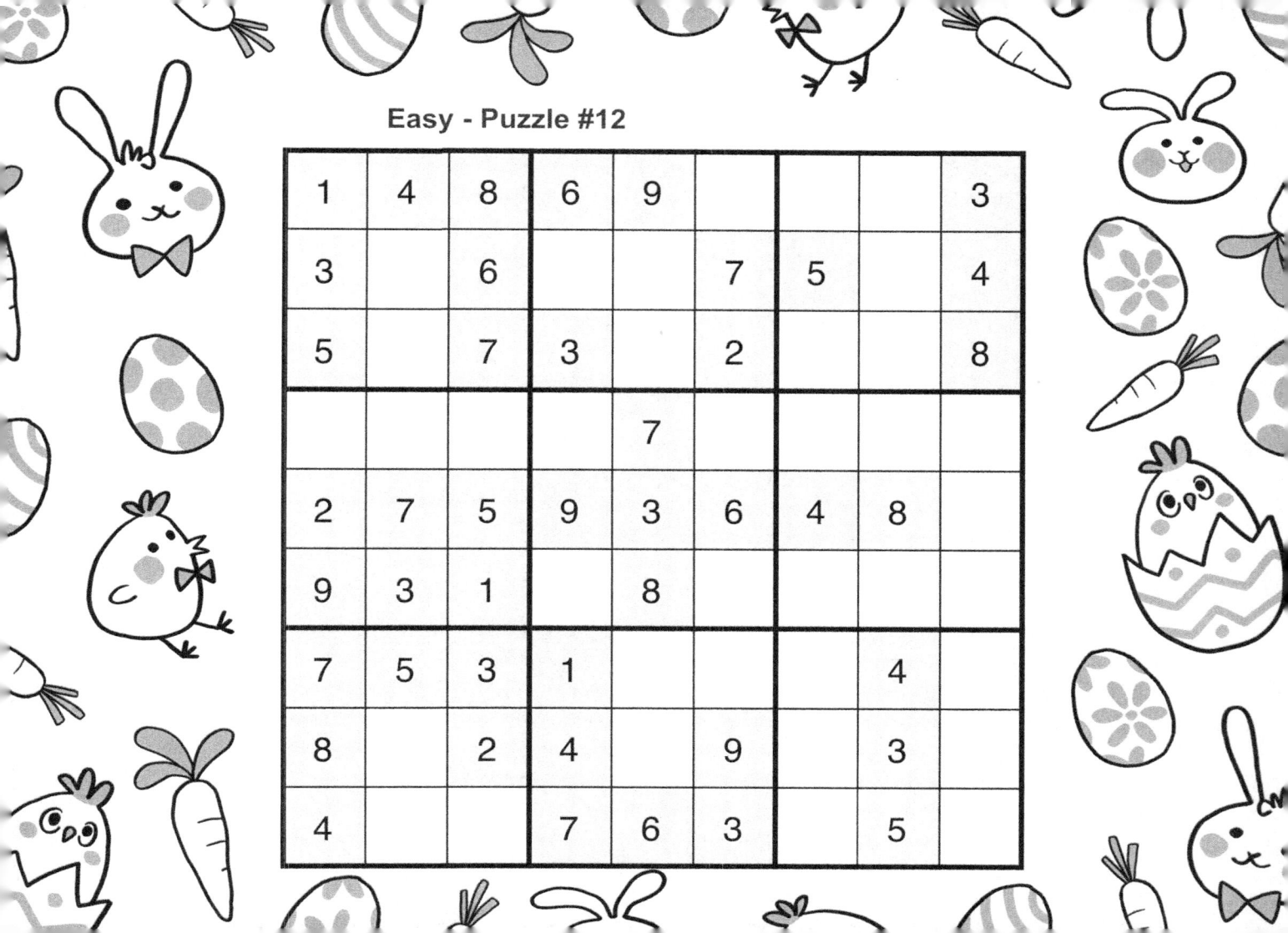

Easy - Puzzle #12

1	4	8	6	9				3
3		6			7	5		4
5		7	3		2			8
				7				
2	7	5	9	3	6	4	8	
9	3	1		8				
7	5	3	1				4	
8		2	4		9		3	
4			7	6	3		5	

Easy - Puzzle #13

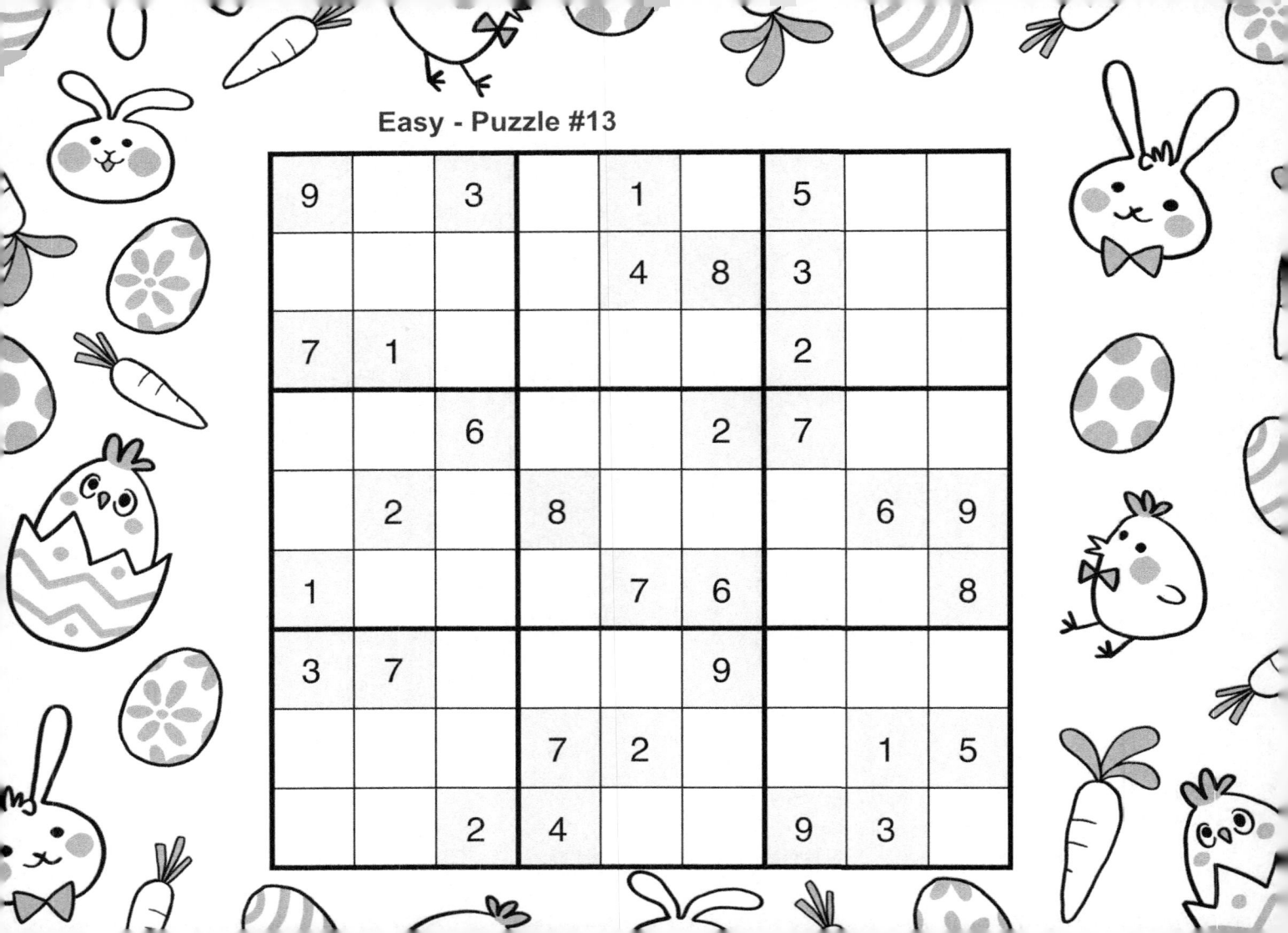

9		3		1		5		
				4	8	3		
7	1					2		
		6			2	7		
	2		8				6	9
1				7	6			8
3	7				9			
			7	2			1	5
		2	4			9	3	

Easy - Puzzle #14

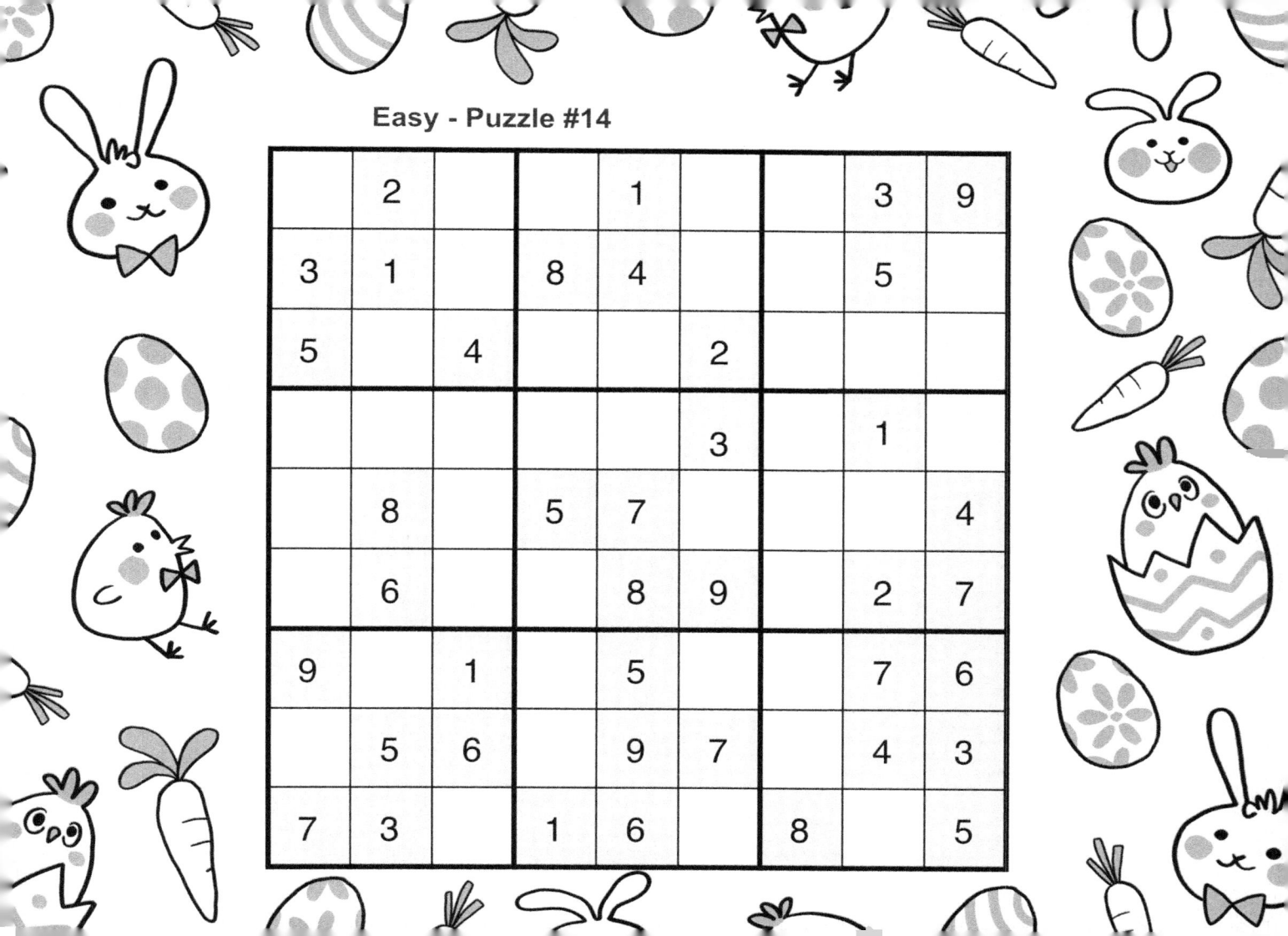

	2			1			3	9
3	1		8	4			5	
5		4			2			
					3		1	
	8		5	7				4
	6			8	9		2	7
9		1		5			7	6
	5	6		9	7		4	3
7	3		1	6		8		5

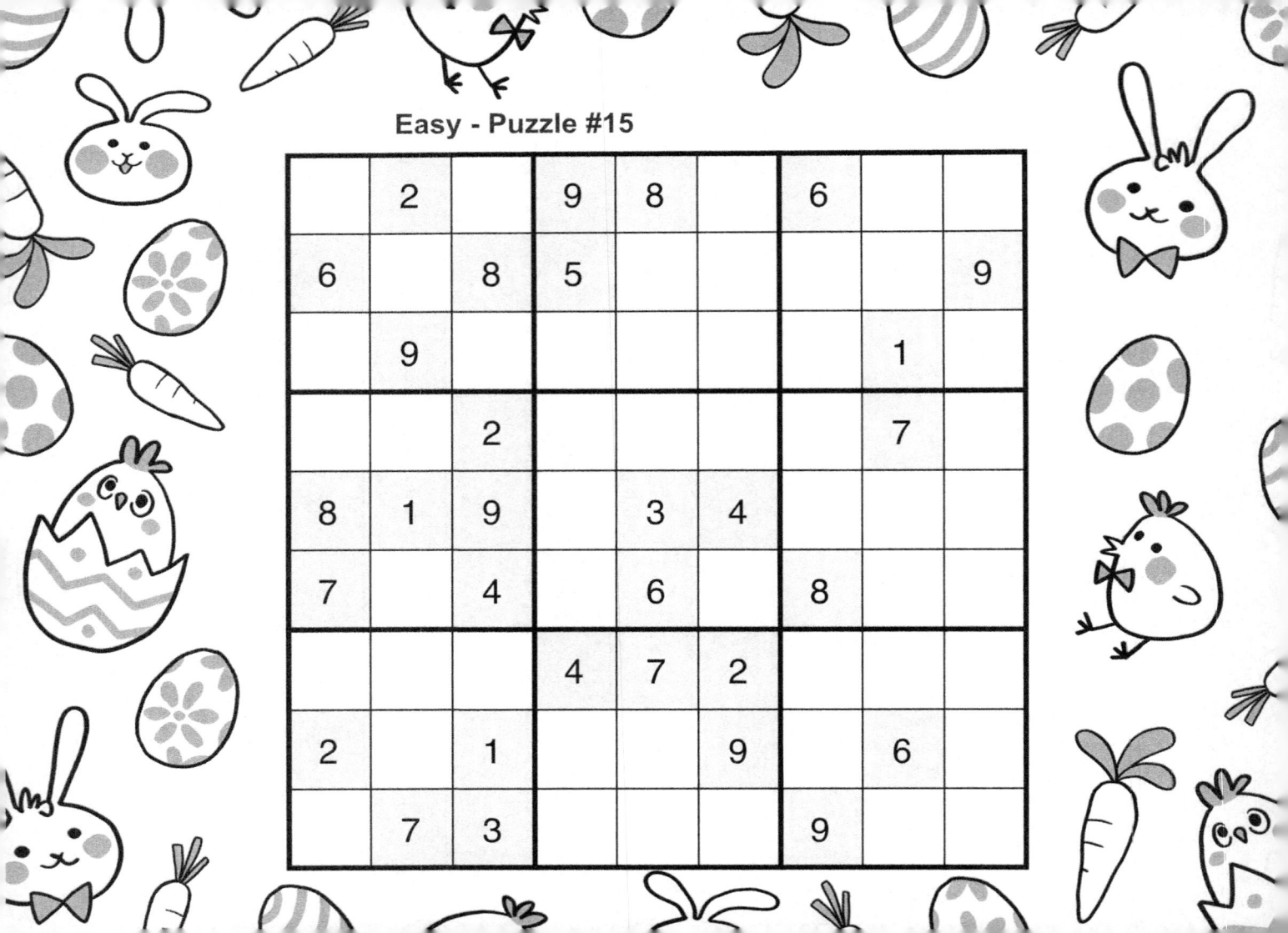

Easy - Puzzle #15

	2		9	8		6		
6		8	5					9
	9						1	
		2					7	
8	1	9		3	4			
7		4		6		8		
			4	7	2			
2		1			9		6	
	7	3				9		

Easy - Puzzle #16

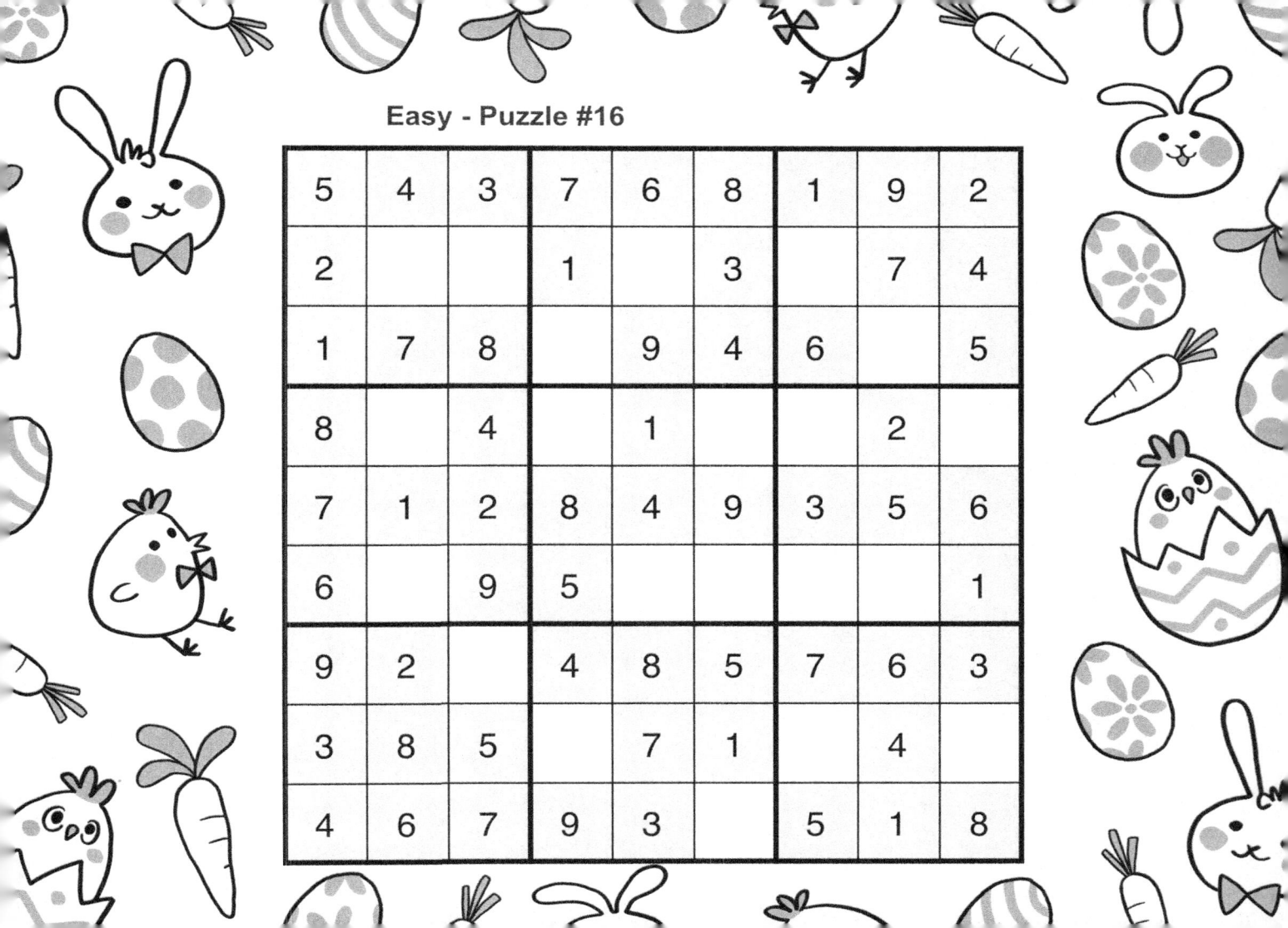

5	4	3	7	6	8	1	9	2
2			1		3		7	4
1	7	8		9	4	6		5
8		4		1			2	
7	1	2	8	4	9	3	5	6
6		9	5					1
9	2		4	8	5	7	6	3
3	8	5		7	1		4	
4	6	7	9	3		5	1	8

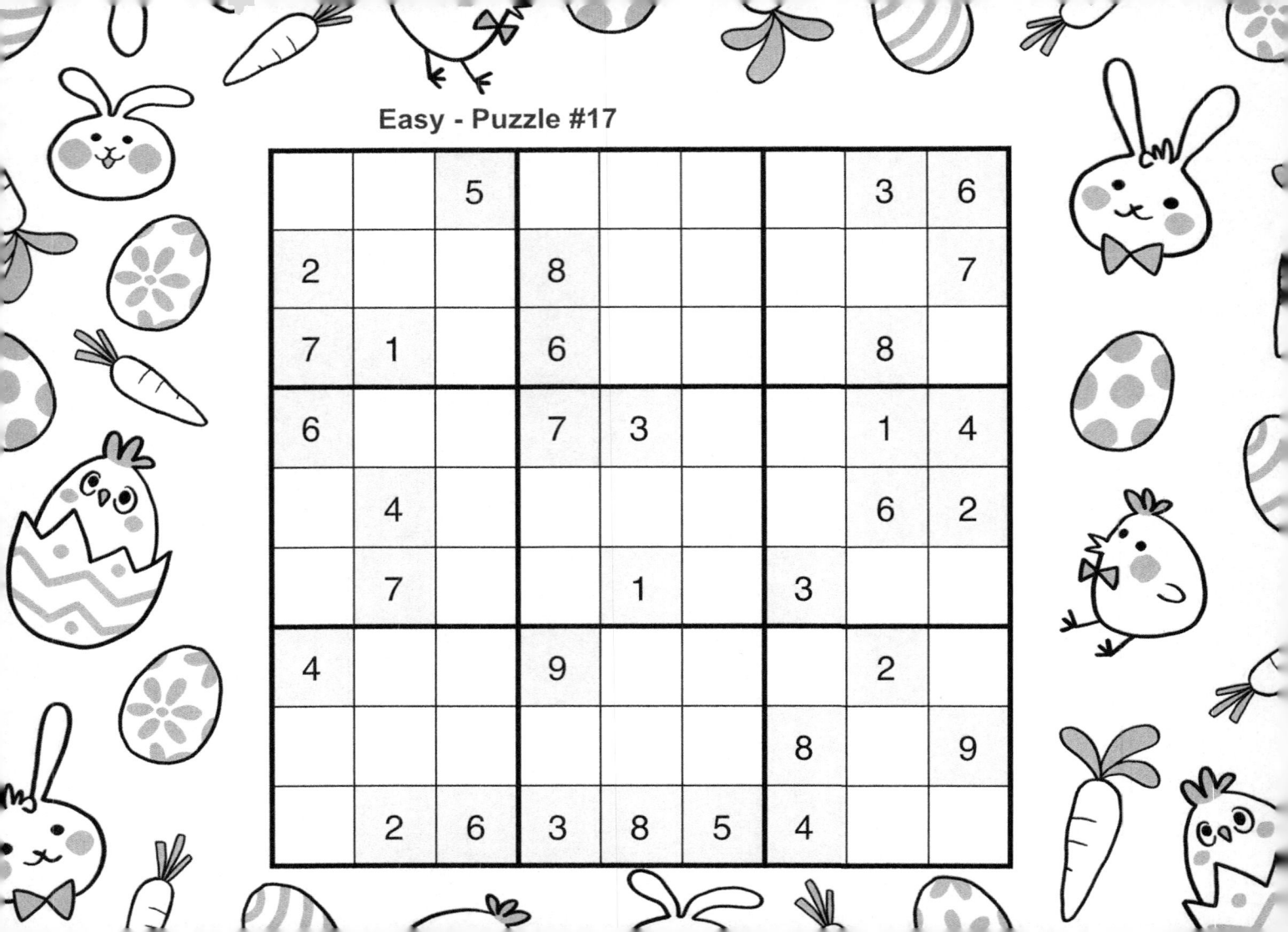

Easy - Puzzle #17

		5					3	6
2			8					7
7	1		6				8	
6			7	3			1	4
	4						6	2
	7			1		3		
4			9				2	
						8		9
	2	6	3	8	5	4		

Easy - Puzzle #18

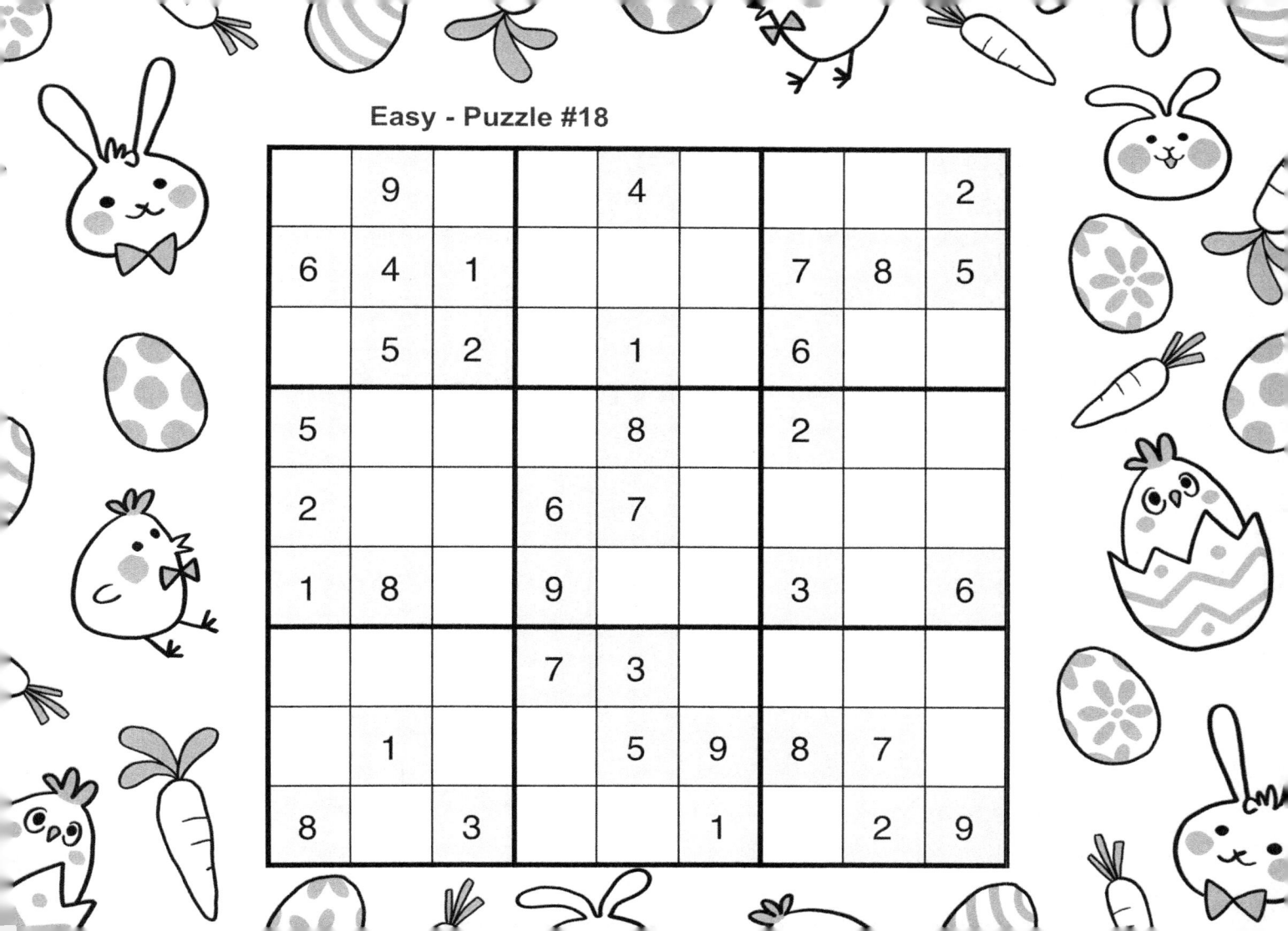

	9			4				2
6	4	1				7	8	5
	5	2		1		6		
5				8		2		
2			6	7				
1	8		9			3		6
			7	3				
	1			5	9	8	7	
8		3			1		2	9

Easy - Puzzle #19

		7	2	9	5	3	8	
4			8	7	1	6		
8		5	4	3	6	9		1
			5	2	7	1		
	5		3		4	8		
3	4		6	8	9	5	2	
	6		9	5	2	7		8
		8	1	4	3			6
	3	9			8		1	5

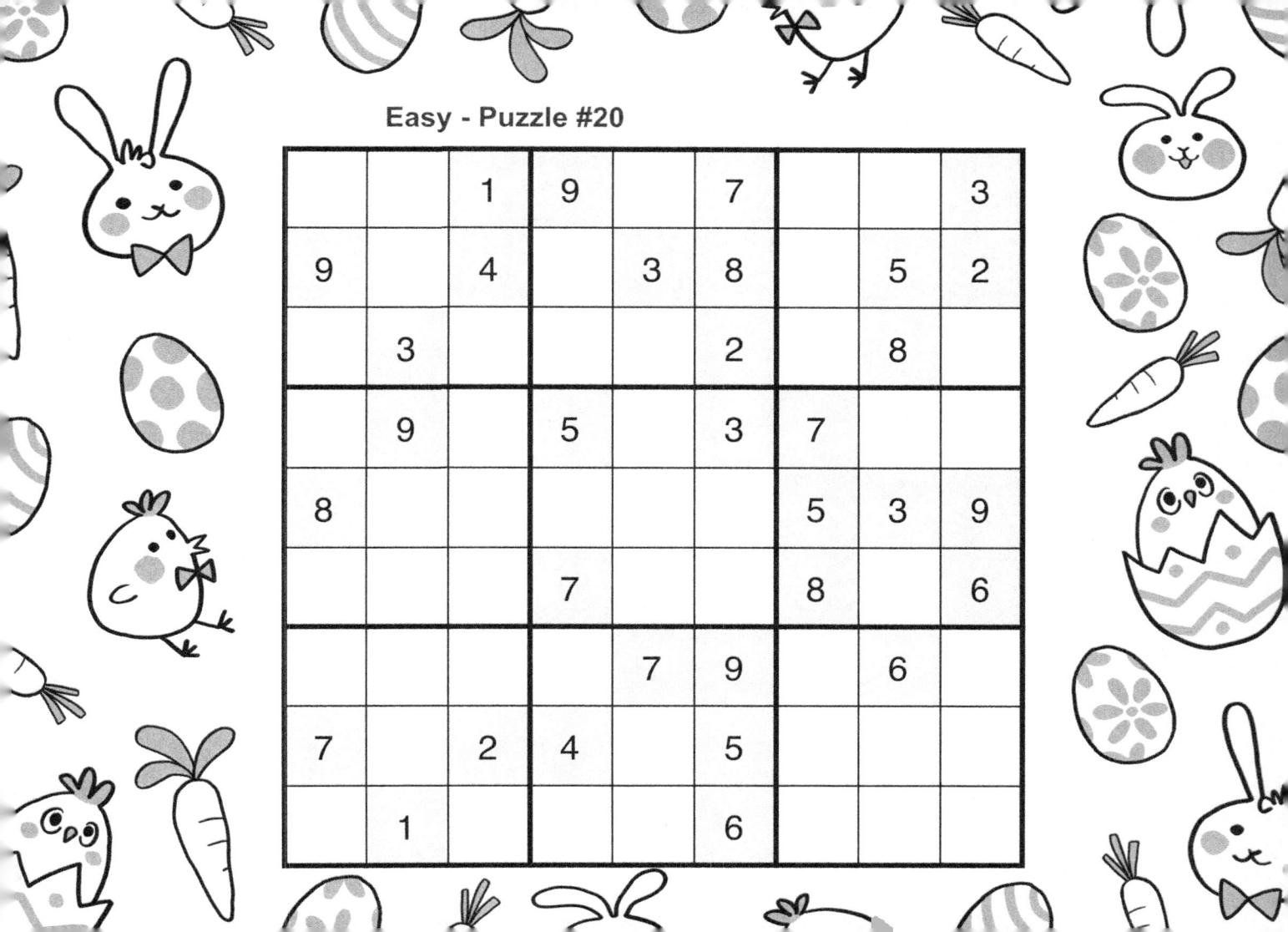

Easy - Puzzle #20

		1	9		7			3
9		4		3	8		5	2
	3				2		8	
	9		5		3	7		
8						5	3	9
			7			8		6
				7	9		6	
7		2	4		5			
	1				6			

Easy - Puzzle #21

			3	2	7			
		4		5	9	8	3	7
3		1	8		4	9	5	
		8		4			2	
	4		9			5	1	
	9	5	7	1	2			
5				9		6		8
	8	3	6			2		
					5			3

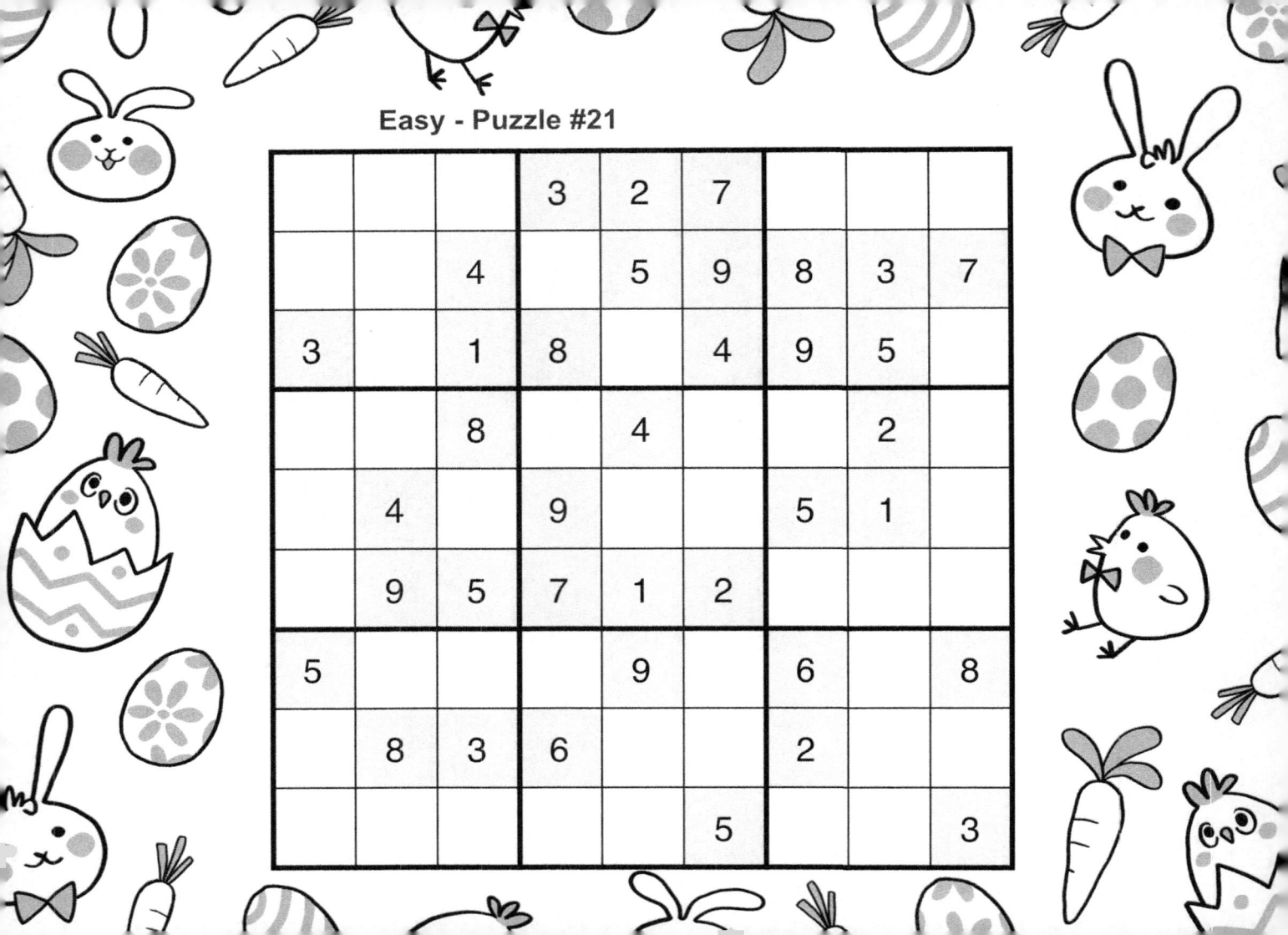

Easy - Puzzle #22

4		3	2	7	1	5	9	8
1	7	5	9	6	8	4	2	3
2		9		4		7	1	6
		4		2	7	3	5	9
8		2	5	9	4	1	6	7
		7	1	3	6	8	4	2
	5					9		
	2	1	4		9	6	7	5
9	4	6				2	8	1

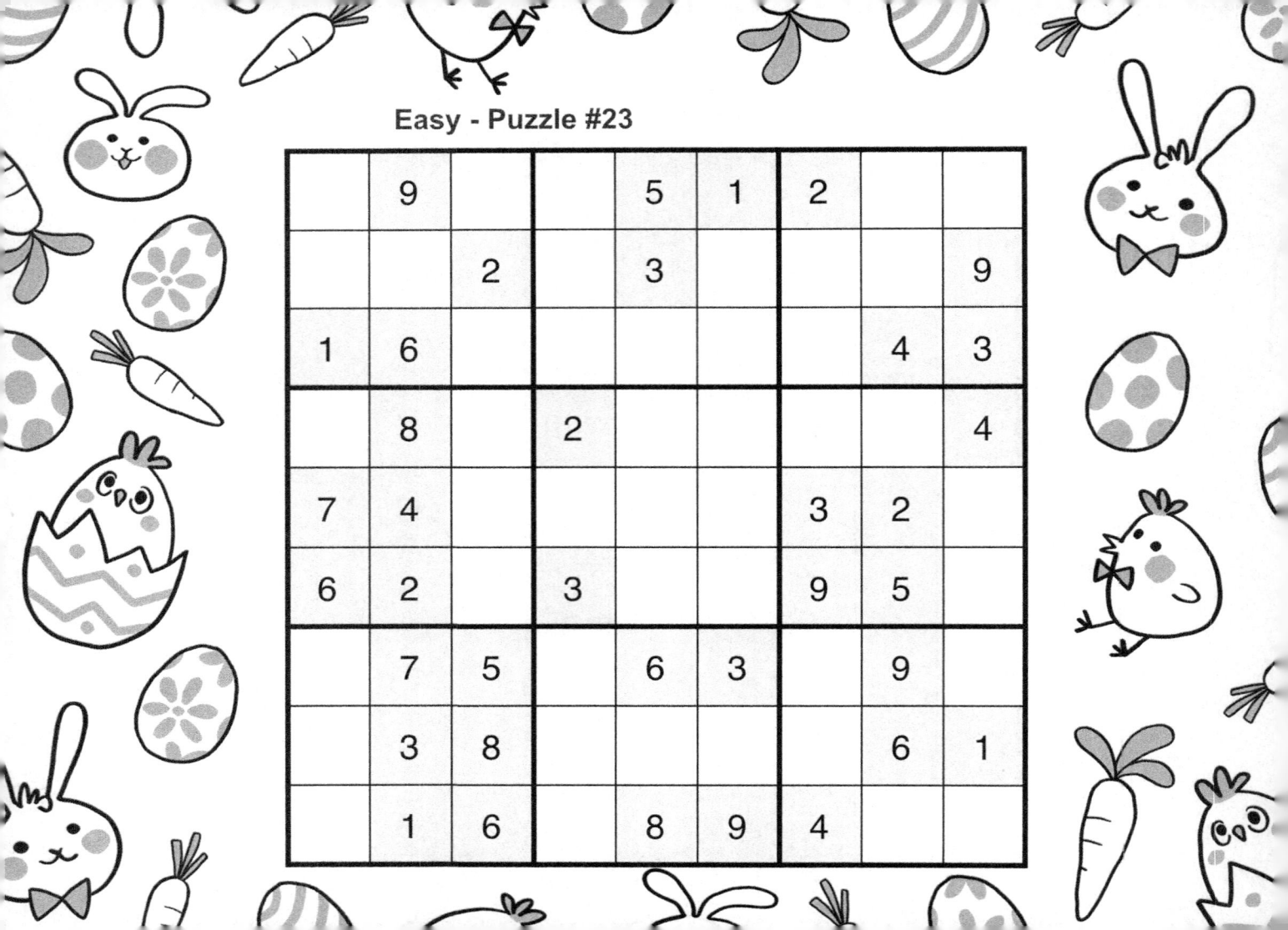

Easy - Puzzle #23

	9				5	1	2		
		2			3				9
1	6							4	3
	8		2						4
7	4						3	2	
6	2			3			9	5	
	7	5			6	3		9	
	3	8						6	1
		1	6			8	9	4	

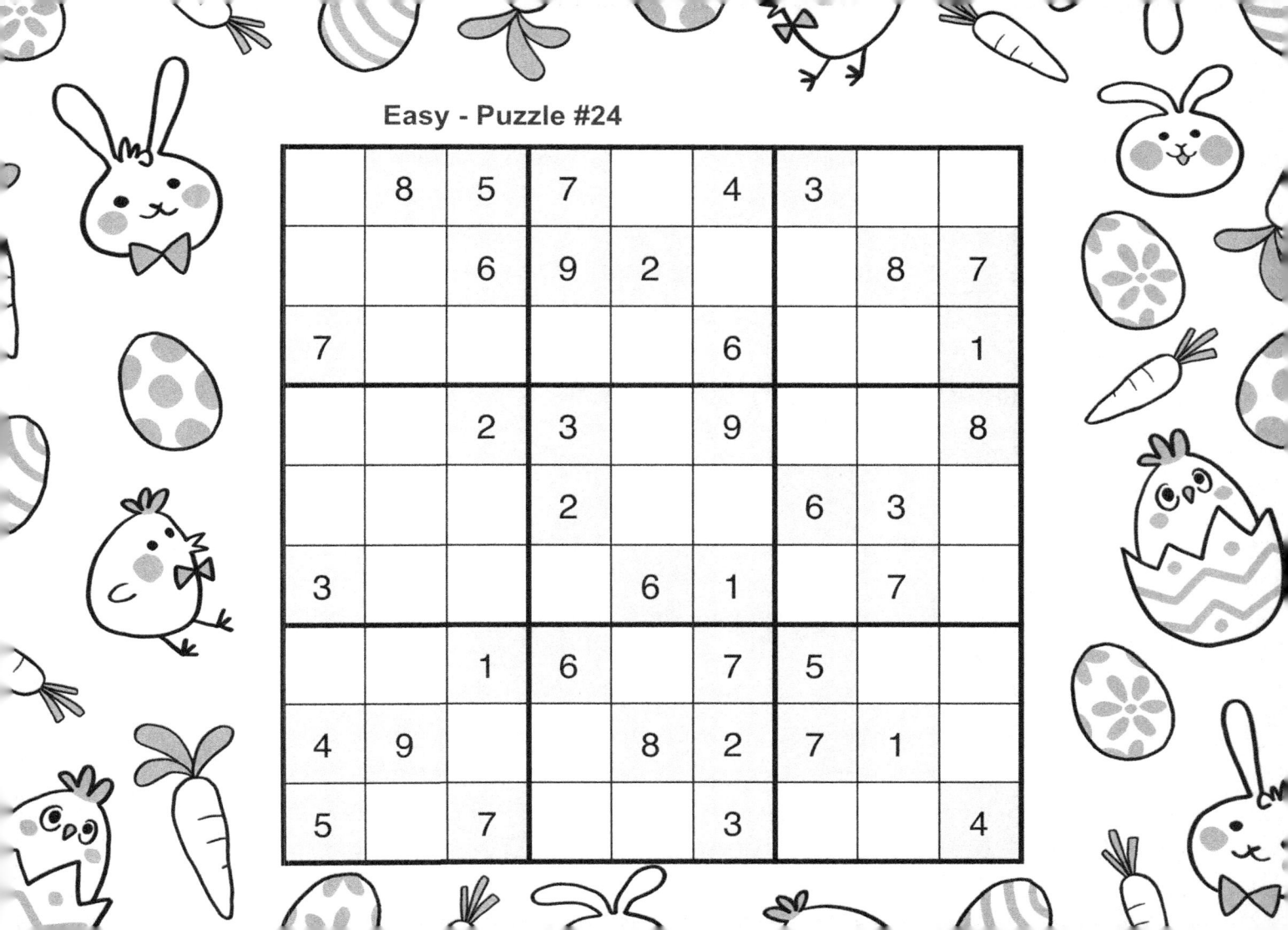

Easy - Puzzle #24

	8	5	7		4	3		
		6	9	2			8	7
7					6			1
		2	3		9			8
			2			6	3	
3				6	1		7	
		1	6		7	5		
4	9			8	2	7	1	
5		7			3			4

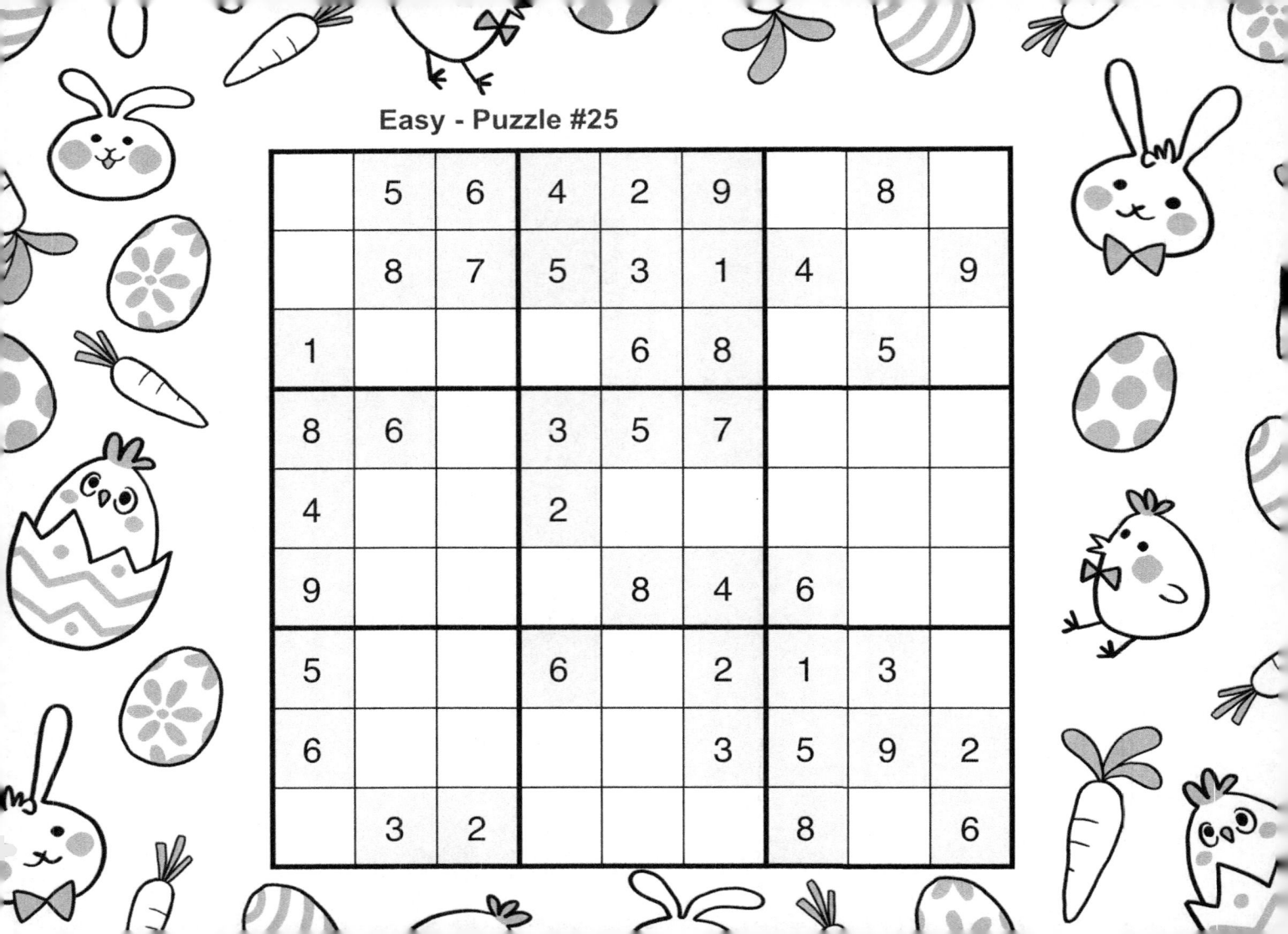

Easy - Puzzle #25

	5	6	4	2	9		8	
	8	7	5	3	1	4		9
1				6	8		5	
8	6		3	5	7			
4			2					
9				8	4	6		
5			6		2	1	3	
6					3	5	9	2
	3	2				8		6

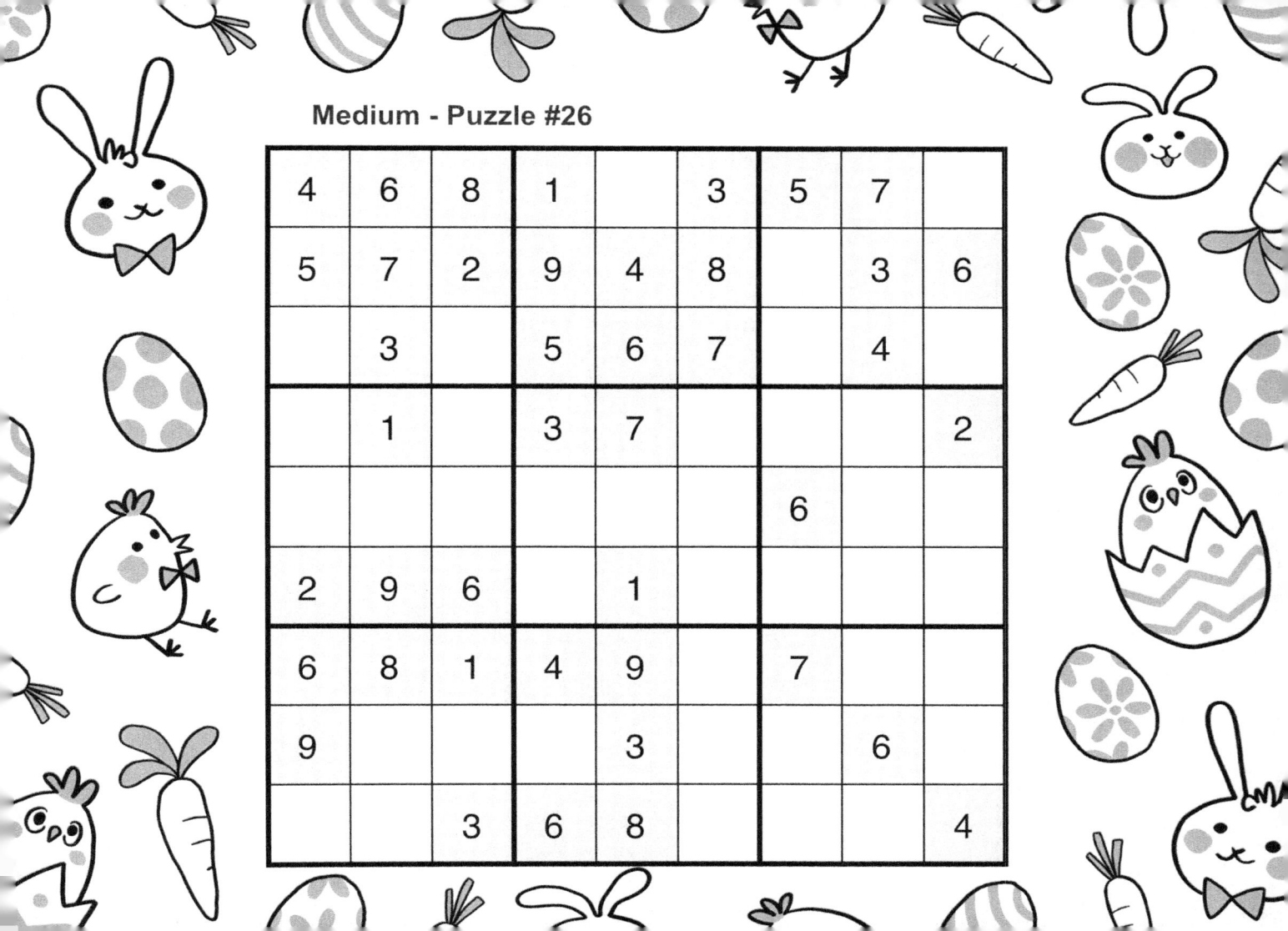

Medium - Puzzle #26

4	6	8	1		3	5	7	
5	7	2	9	4	8		3	6
	3		5	6	7		4	
	1		3	7				2
					6			
2	9	6		1				
6	8	1	4	9		7		
9				3			6	
		3	6	8				4

Medium - Puzzle #27

8			5		6	3	9	1
		6	7	3			2	
3			4	8	9			
	8	5				1		4
7	3			1	4		8	5
4				5				
	5			9			4	
				4	5			9
	4			6	2		3	

Medium - Puzzle #28

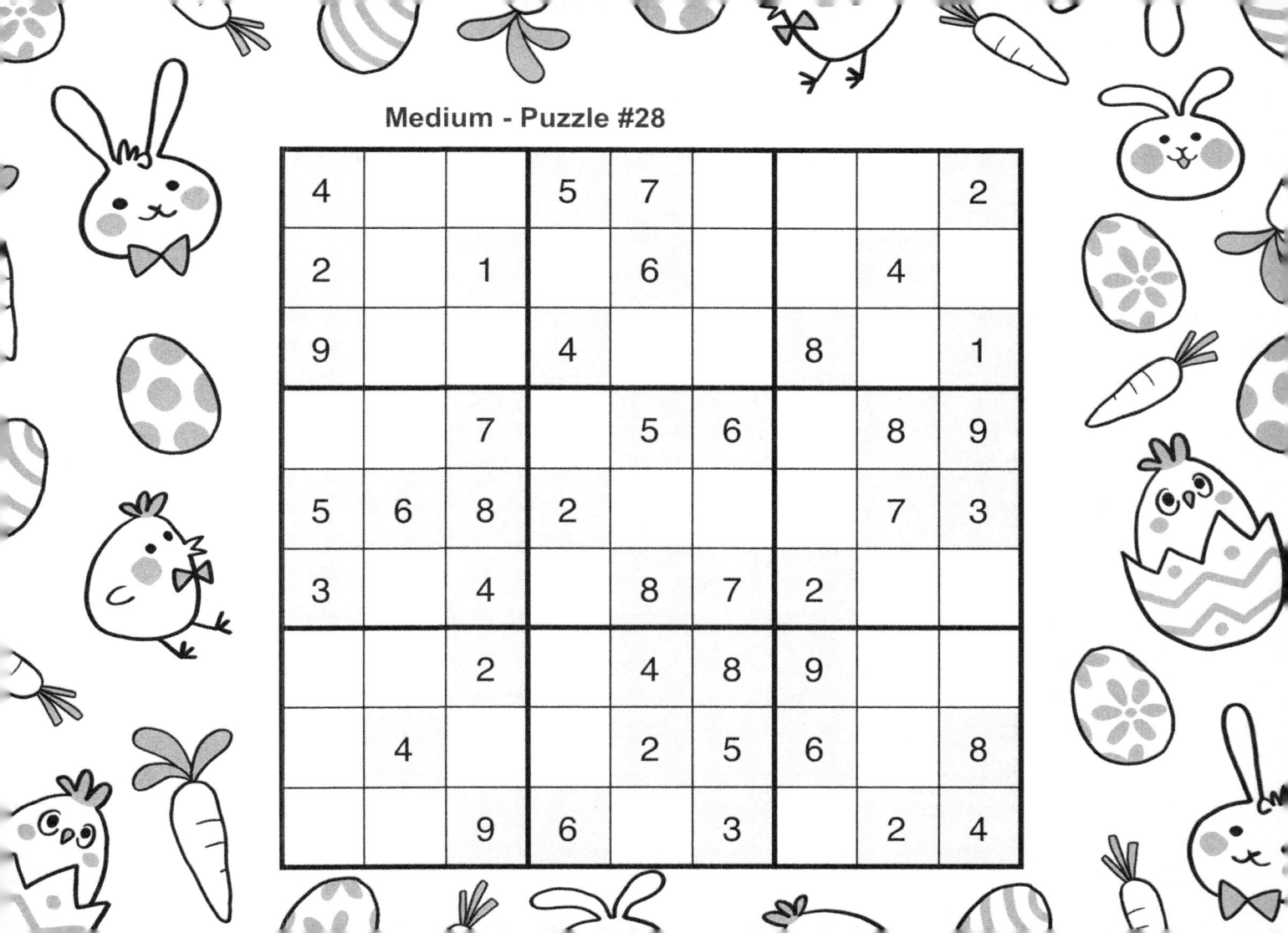

4			5	7				2
2		1		6			4	
9			4			8		1
		7		5	6		8	9
5	6	8	2				7	3
3		4		8	7	2		
		2		4	8	9		
	4			2	5	6		8
		9	6		3		2	4

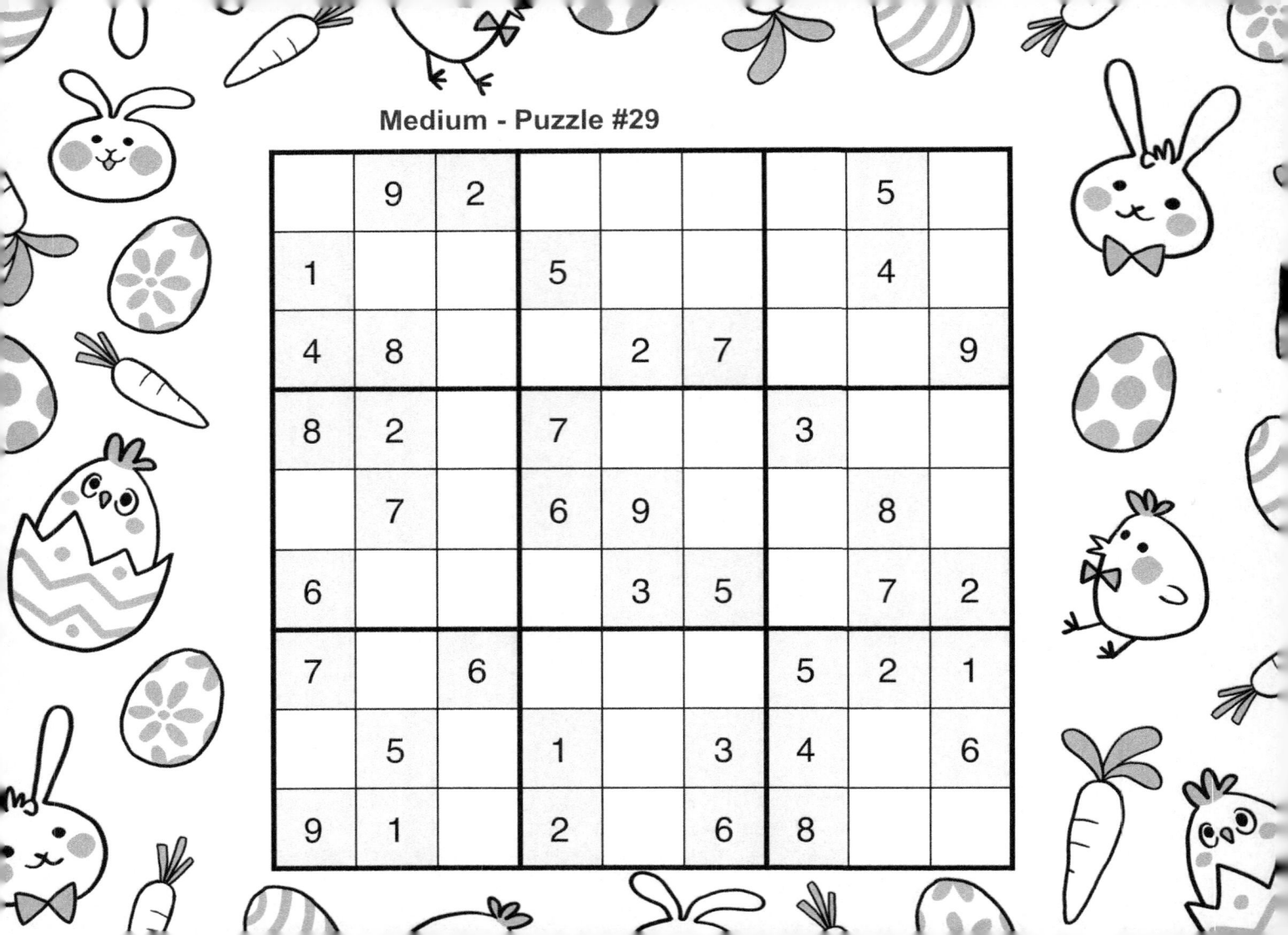

Medium - Puzzle #29

	9	2					5	
1			5				4	
4	8			2	7			9
8	2		7			3		
	7		6	9			8	
6				3	5		7	2
7		6				5	2	1
	5		1		3	4		6
9	1		2		6	8		

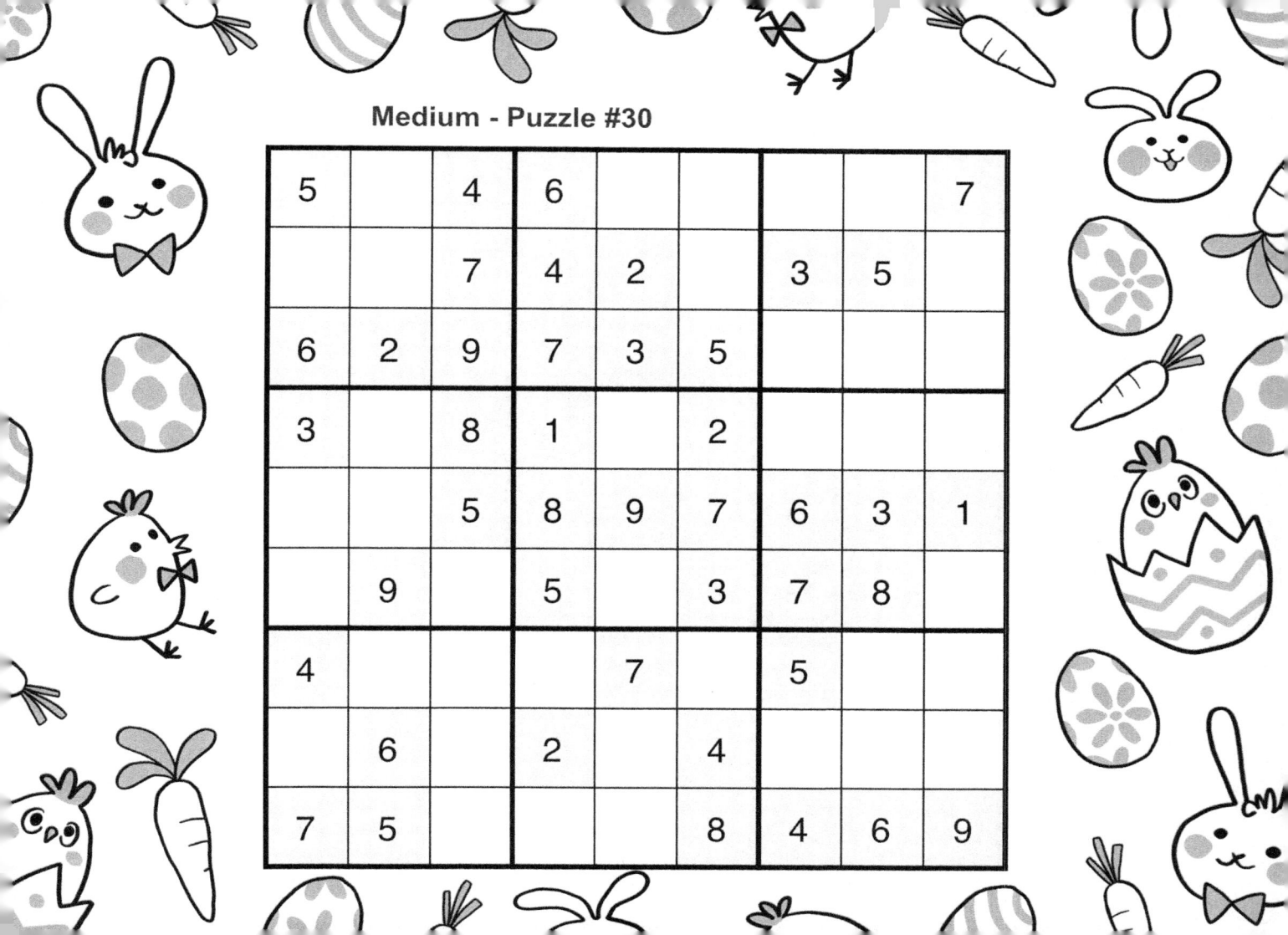

Medium - Puzzle #30

5		4	6					7
		7	4	2		3	5	
6	2	9	7	3	5			
3		8	1		2			
		5	8	9	7	6	3	1
	9		5		3	7	8	
4				7		5		
	6		2		4			
7	5				8	4	6	9

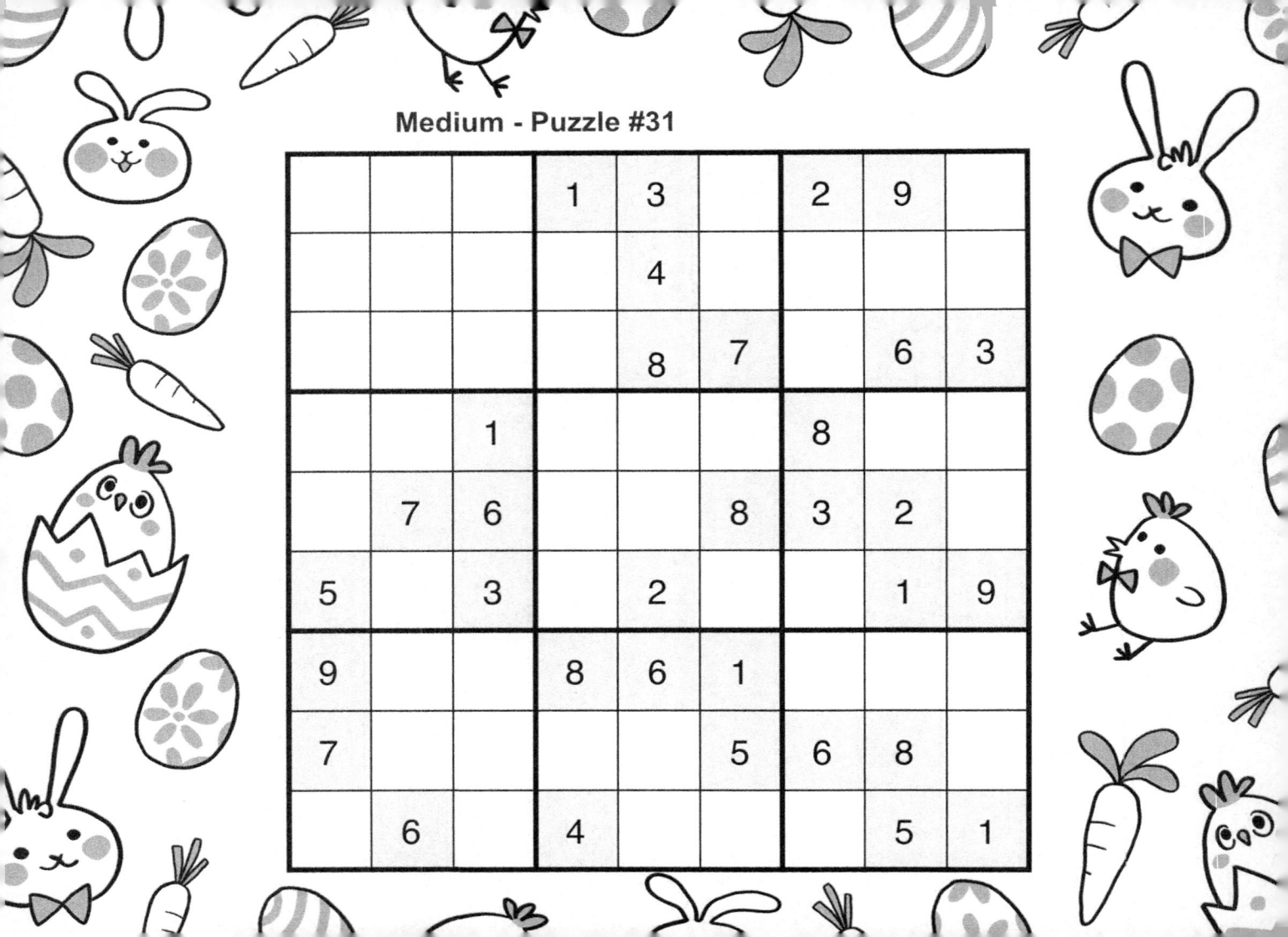

Medium - Puzzle #31

			1	3		2	9	
				4				
			8	7			6	3
		1				8		
	7	6			8	3	2	
5		3		2			1	9
9			8	6	1			
7				5		6	8	
	6		4				5	1

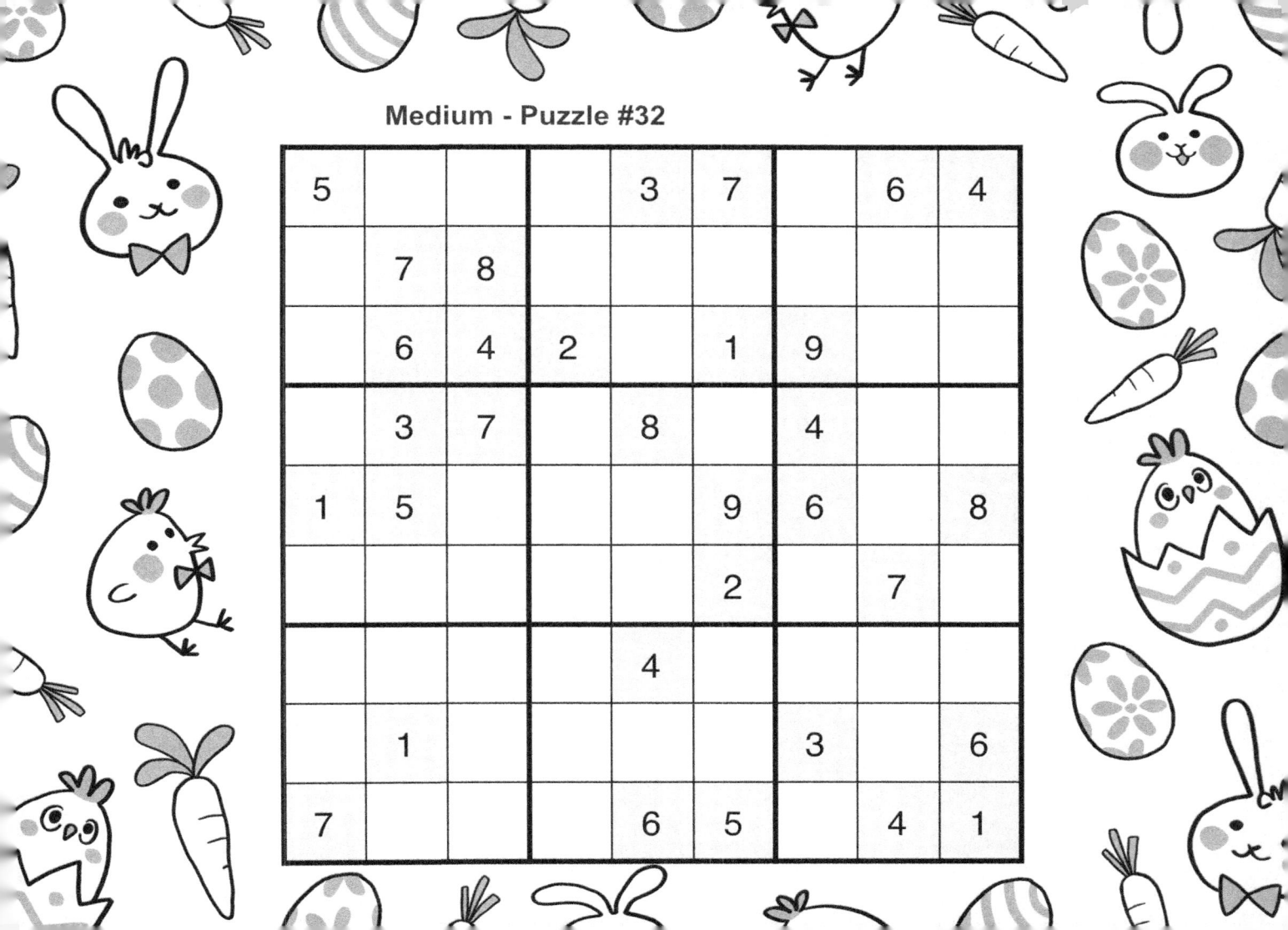

Medium - Puzzle #32

5				3	7		6	4
	7	8						
	6	4	2		1	9		
	3	7		8		4		
1	5				9	6		8
					2		7	
			4					
	1					3		6
7			6	5			4	1

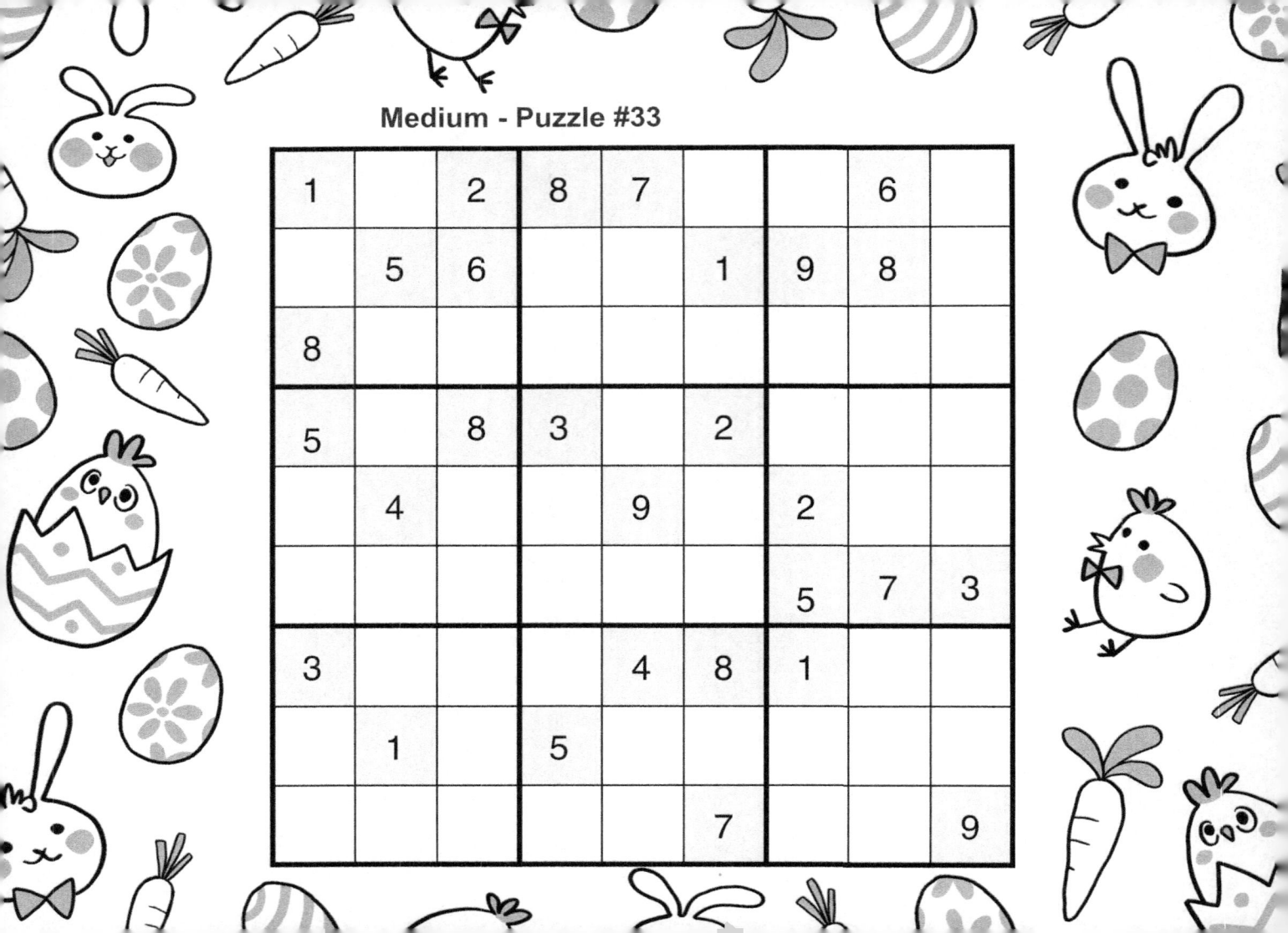

Medium - Puzzle #33

1		2	8	7			6	
	5	6				1	9	8
8								
5		8	3		2			
	4			9		2		
						5	7	3
3				4	8	1		
	1		5					
					7			9

Medium - Puzzle #34

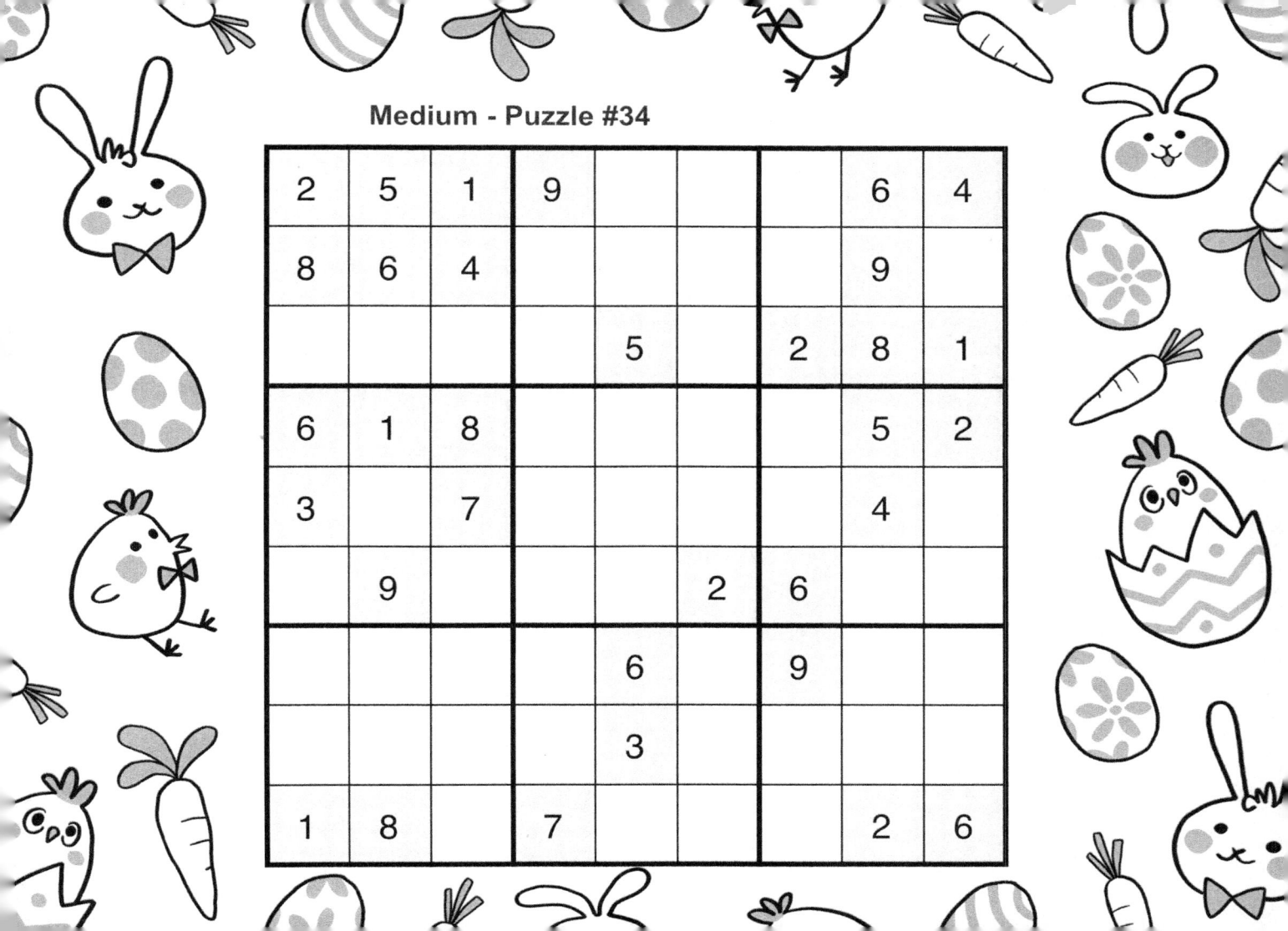

2	5	1	9				6	4
8	6	4					9	
				5		2	8	1
6	1	8					5	2
3		7					4	
	9				2	6		
				6		9		
				3				
1	8		7				2	6

Medium - Puzzle #35

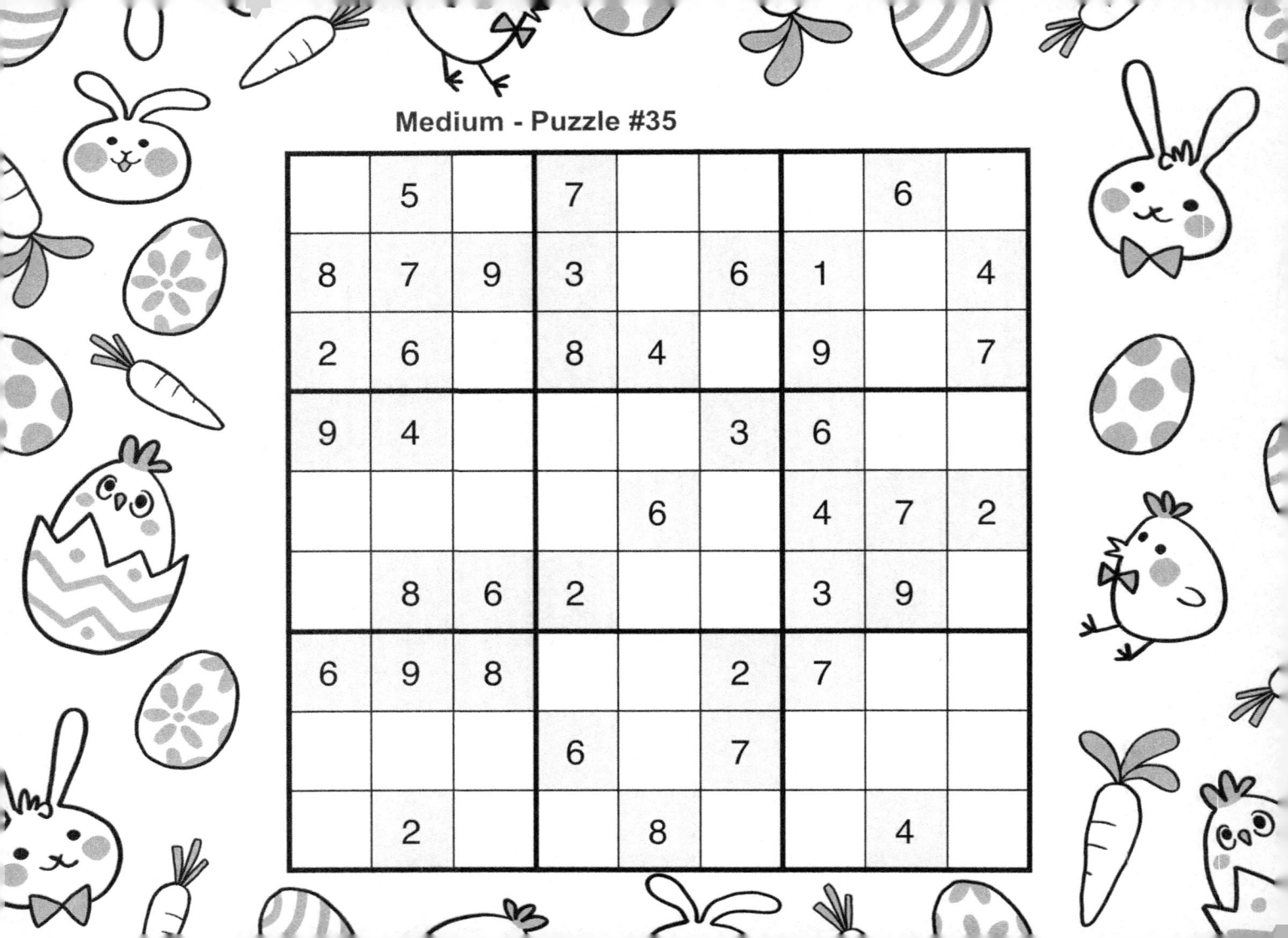

	5		7				6	
8	7	9	3		6	1		4
2	6		8	4		9		7
9	4				3	6		
				6		4	7	2
	8	6	2			3	9	
6	9	8			2	7		
			6		7			
	2			8			4	

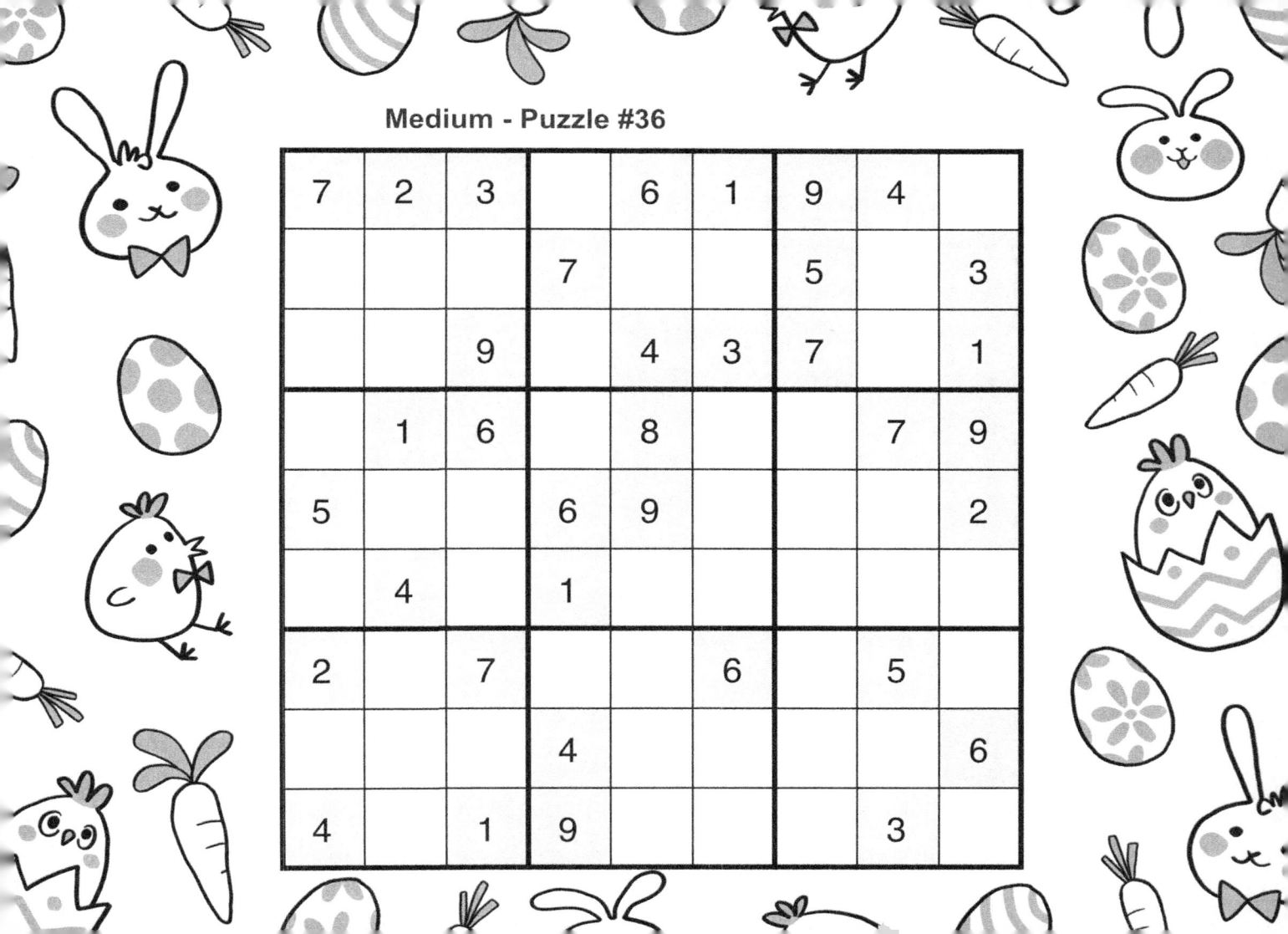

Medium - Puzzle #36

7	2	3		6	1	9	4	
			7			5		3
		9		4	3	7		1
	1	6		8			7	9
5			6	9				2
	4		1					
2		7			6		5	
			4					6
4		1	9				3	

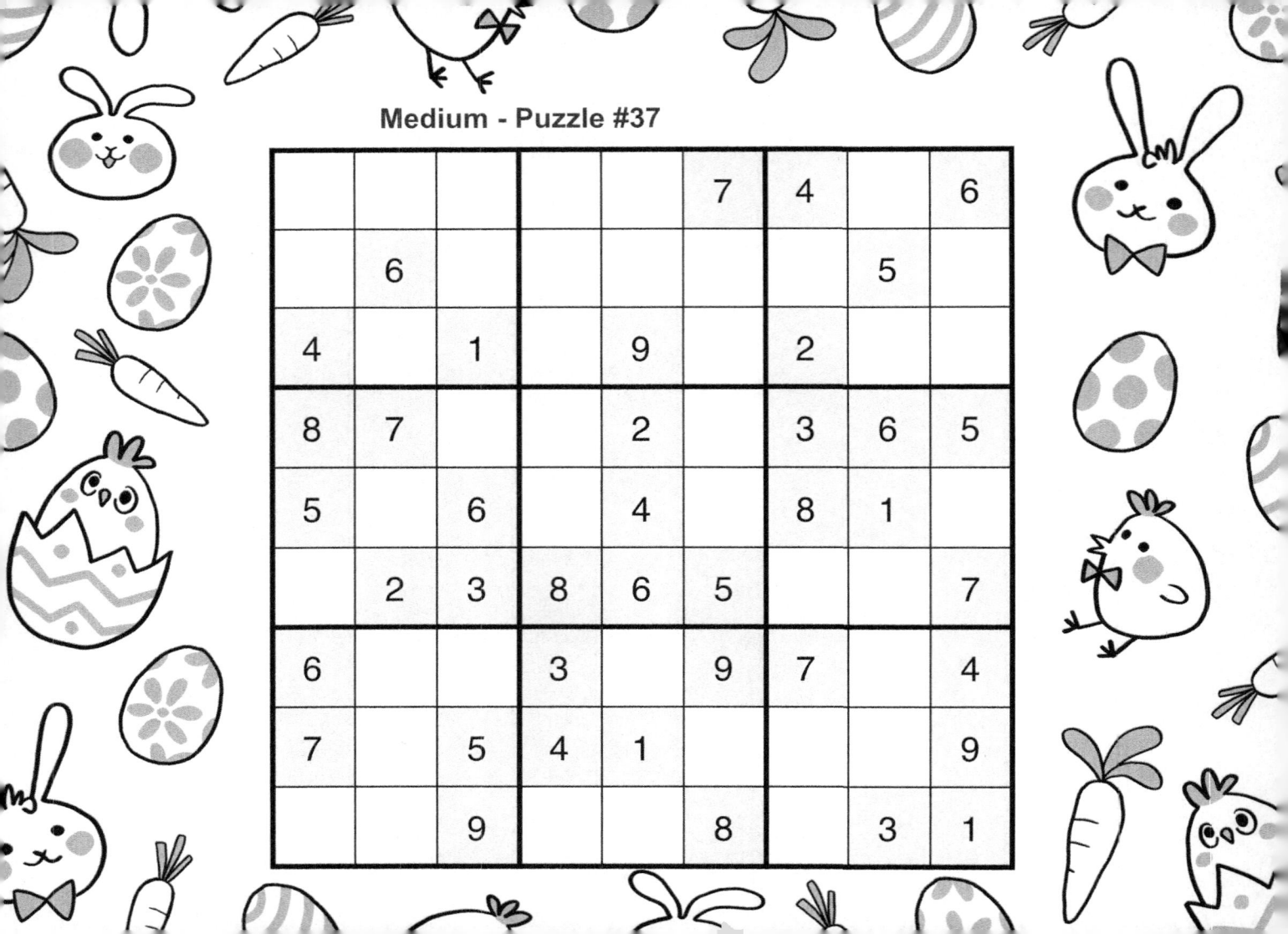

Medium - Puzzle #37

					7	4		6
	6						5	
4		1		9		2		
8	7			2		3	6	5
5		6		4		8	1	
	2	3	8	6	5			7
6			3		9	7		4
7		5	4	1				9
		9			8		3	1

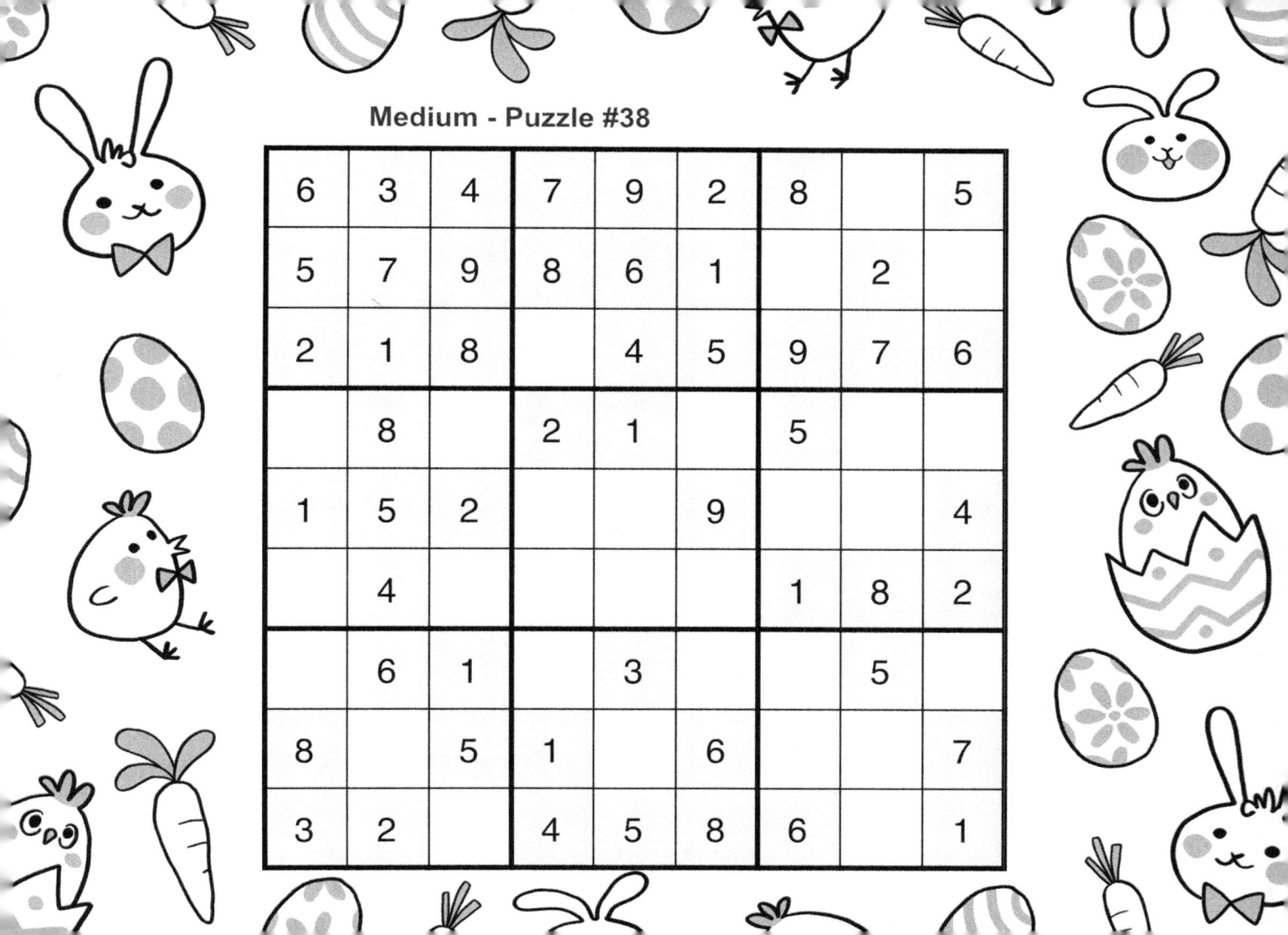

Medium - Puzzle #38

6	3	4	7	9	2	8		5
5	7	9	8	6	1		2	
2	1	8		4	5	9	7	6
	8		2	1		5		
1	5	2			9			4
	4					1	8	2
	6	1		3			5	
8		5	1		6			7
3	2		4	5	8	6		1

Medium - Puzzle #39

4					1		6	
6	5			9	7		8	2
					2			
8					3		9	1
		2		7		6	4	8
		9		4	8	7		
		5		1	6	3		
		6	7		4	8		
	7	4			5		2	

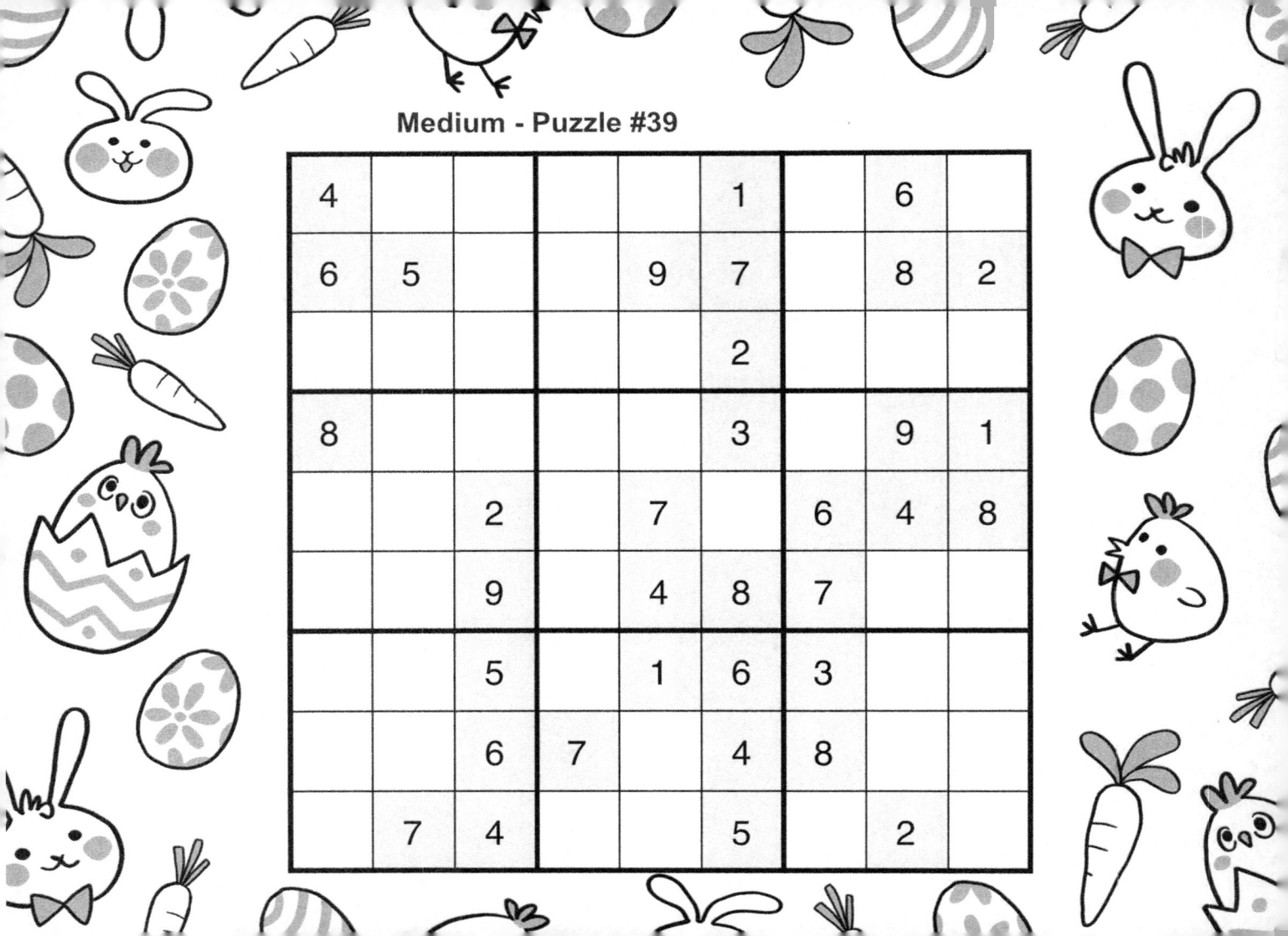

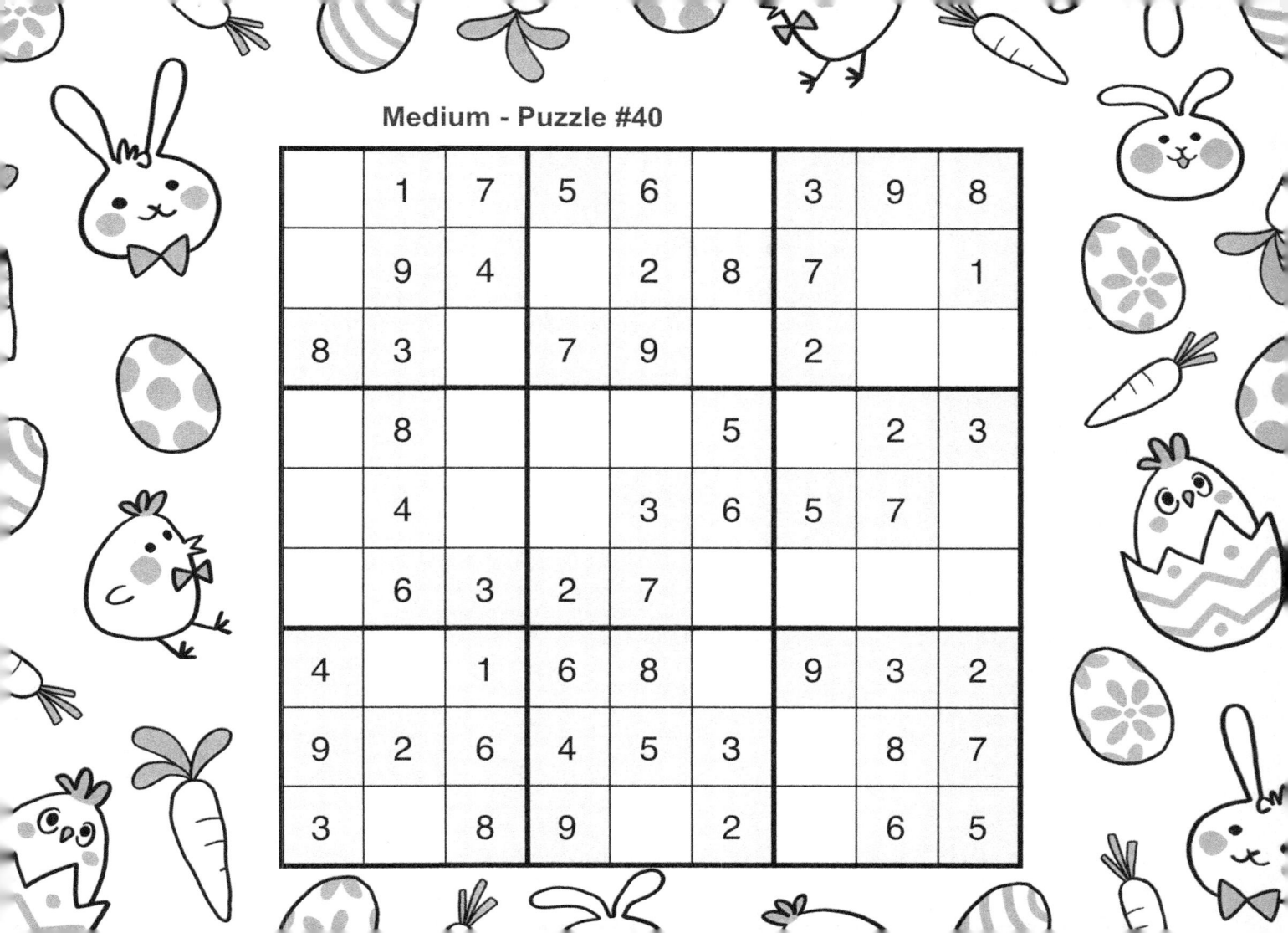

Medium - Puzzle #40

	1	7	5	6		3	9	8
	9	4		2	8	7		1
8	3		7	9		2		
	8				5		2	3
	4			3	6	5	7	
	6	3	2	7				
4		1	6	8		9	3	2
9	2	6	4	5	3		8	7
3		8	9		2		6	5

Medium - Puzzle #41

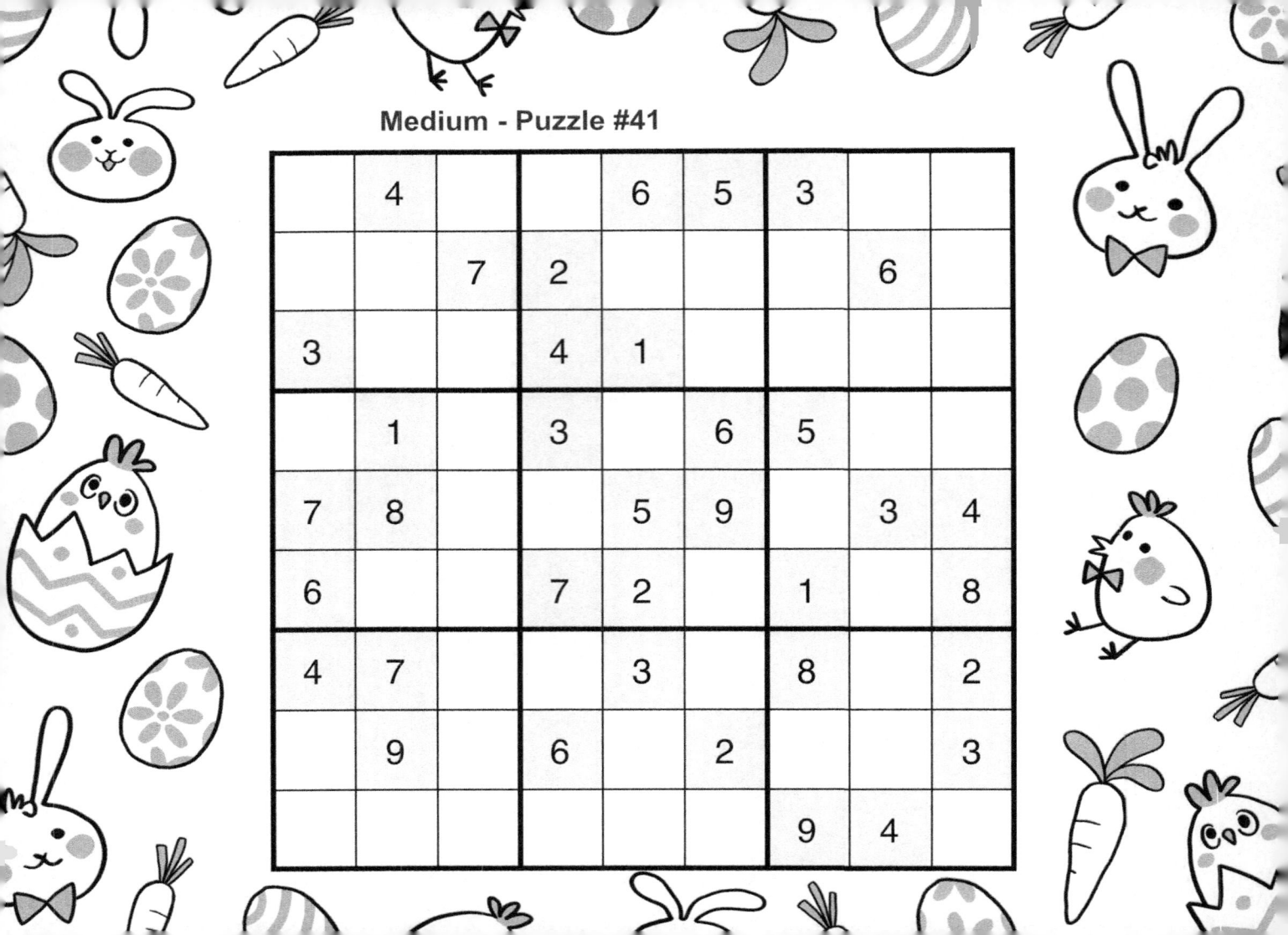

	4			6	5	3		
		7	2				6	
3			4	1				
	1		3		6	5		
7	8			5	9		3	4
6			7	2		1		8
4	7			3		8		2
	9		6		2			3
						9	4	

Medium - Puzzle #42

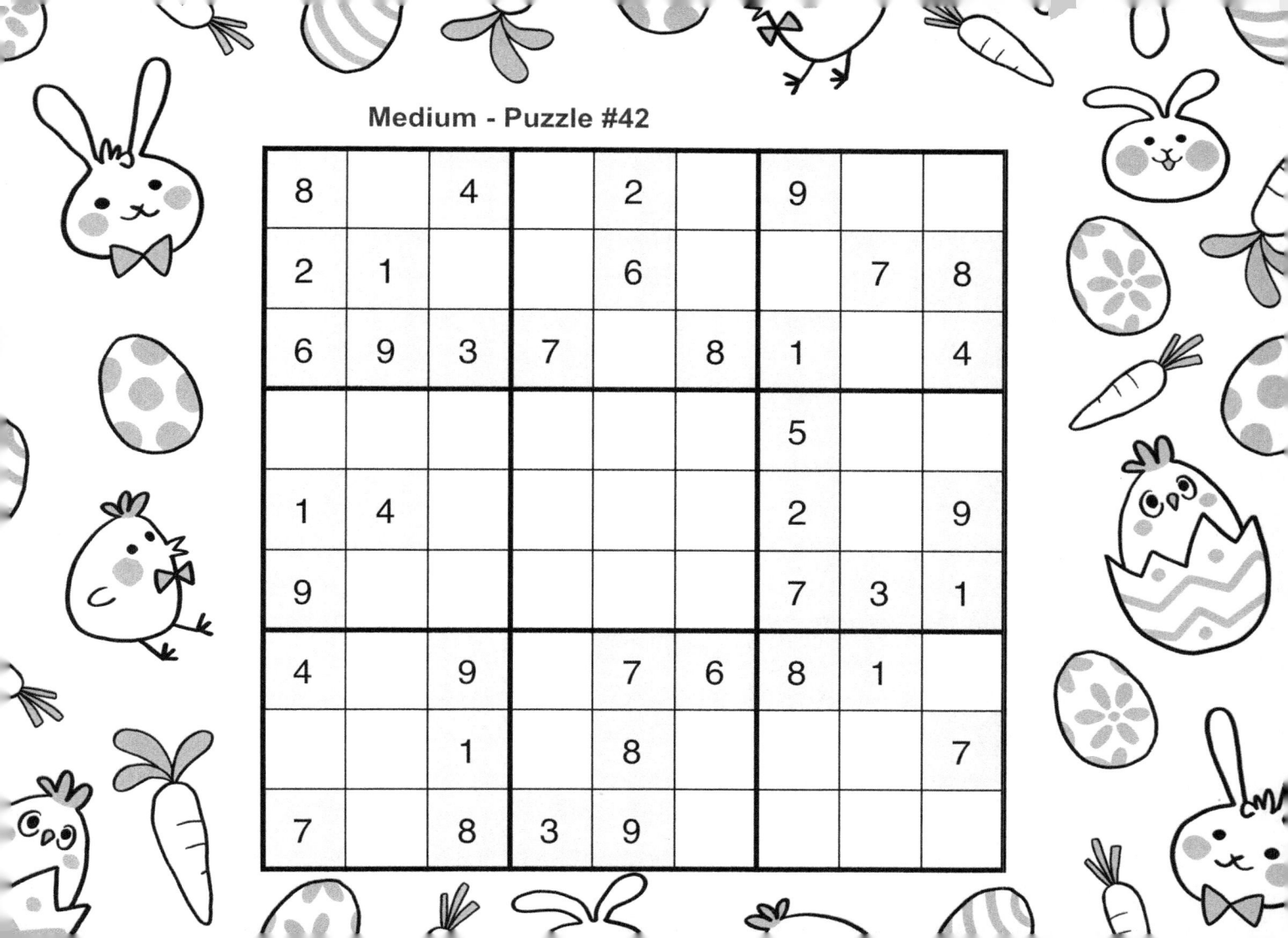

8		4		2		9		
2	1			6			7	8
6	9	3	7		8	1		4
						5		
1	4					2		9
9						7	3	1
4		9		7	6	8	1	
		1		8				7
7		8	3	9				

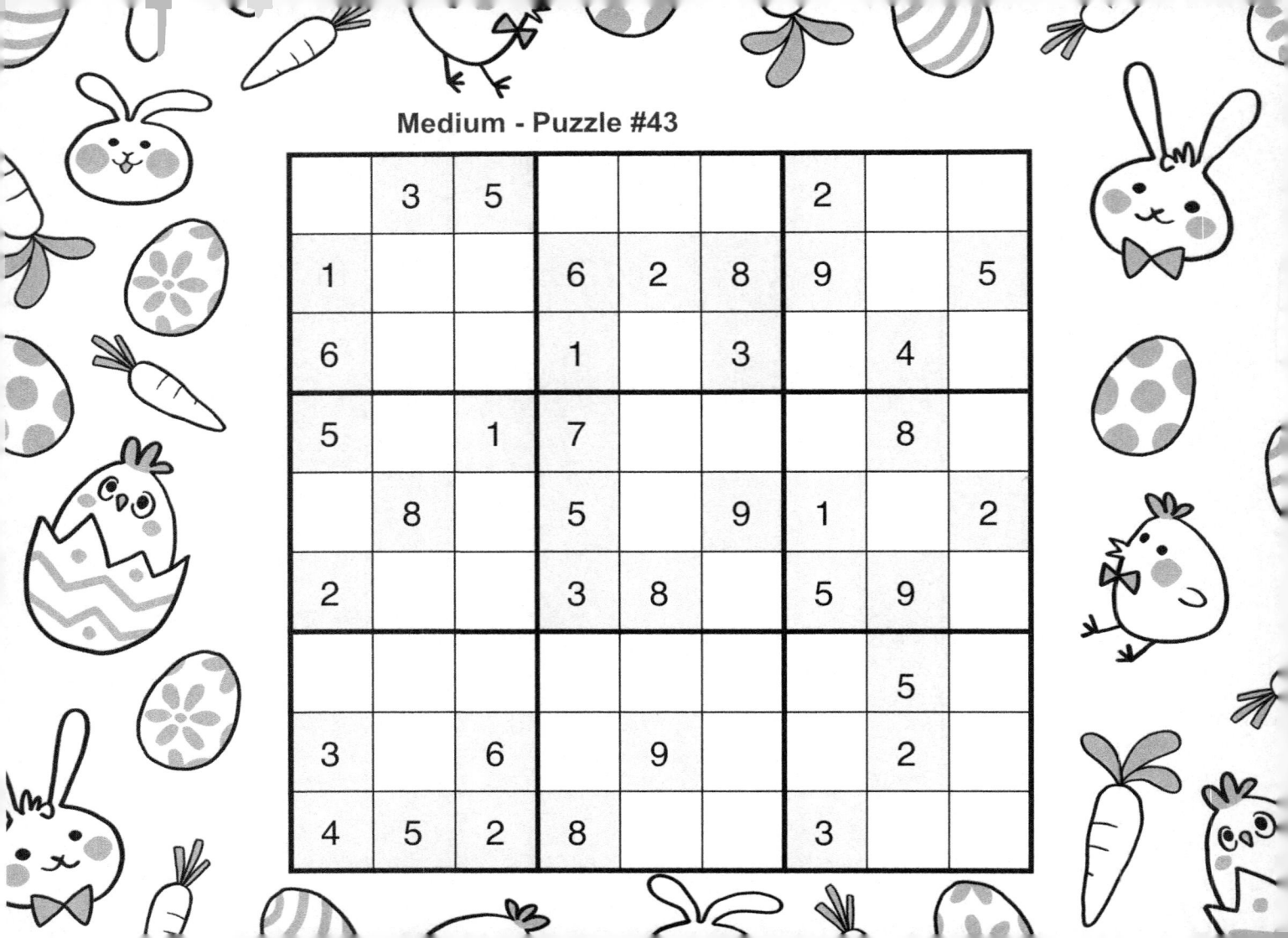

Medium - Puzzle #43

	3	5				2		
1			6	2	8	9		5
6			1		3		4	
5		1	7				8	
	8		5		9	1		2
2			3	8		5	9	
							5	
3		6		9			2	
4	5	2	8			3		

Medium - Puzzle #44

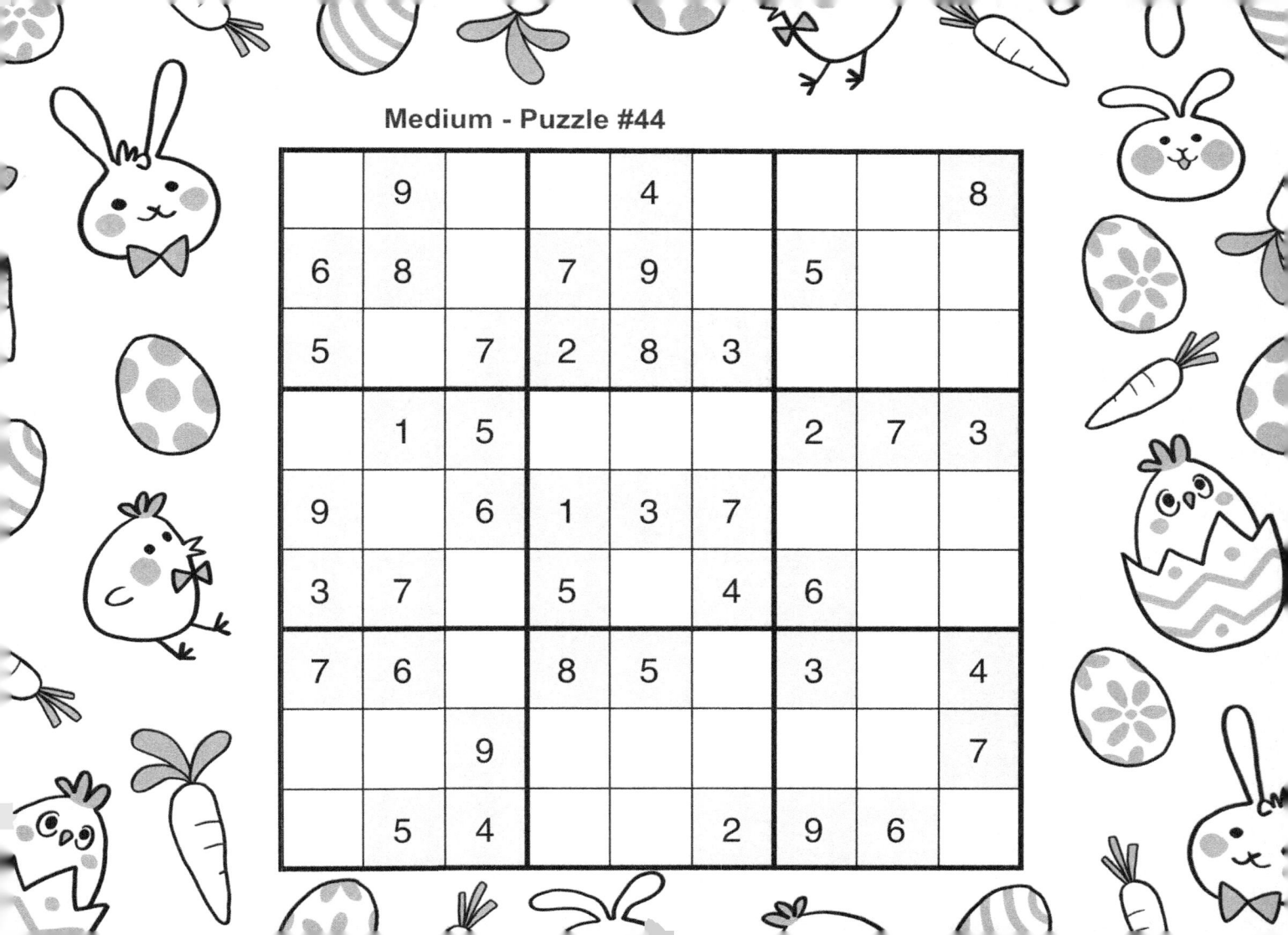

	9				4				8
6	8		7	9		5		
5		7	2	8	3			
	1	5				2	7	3
9		6	1	3	7			
3	7		5		4	6		
7	6		8	5		3		4
		9						7
	5	4			2	9	6	

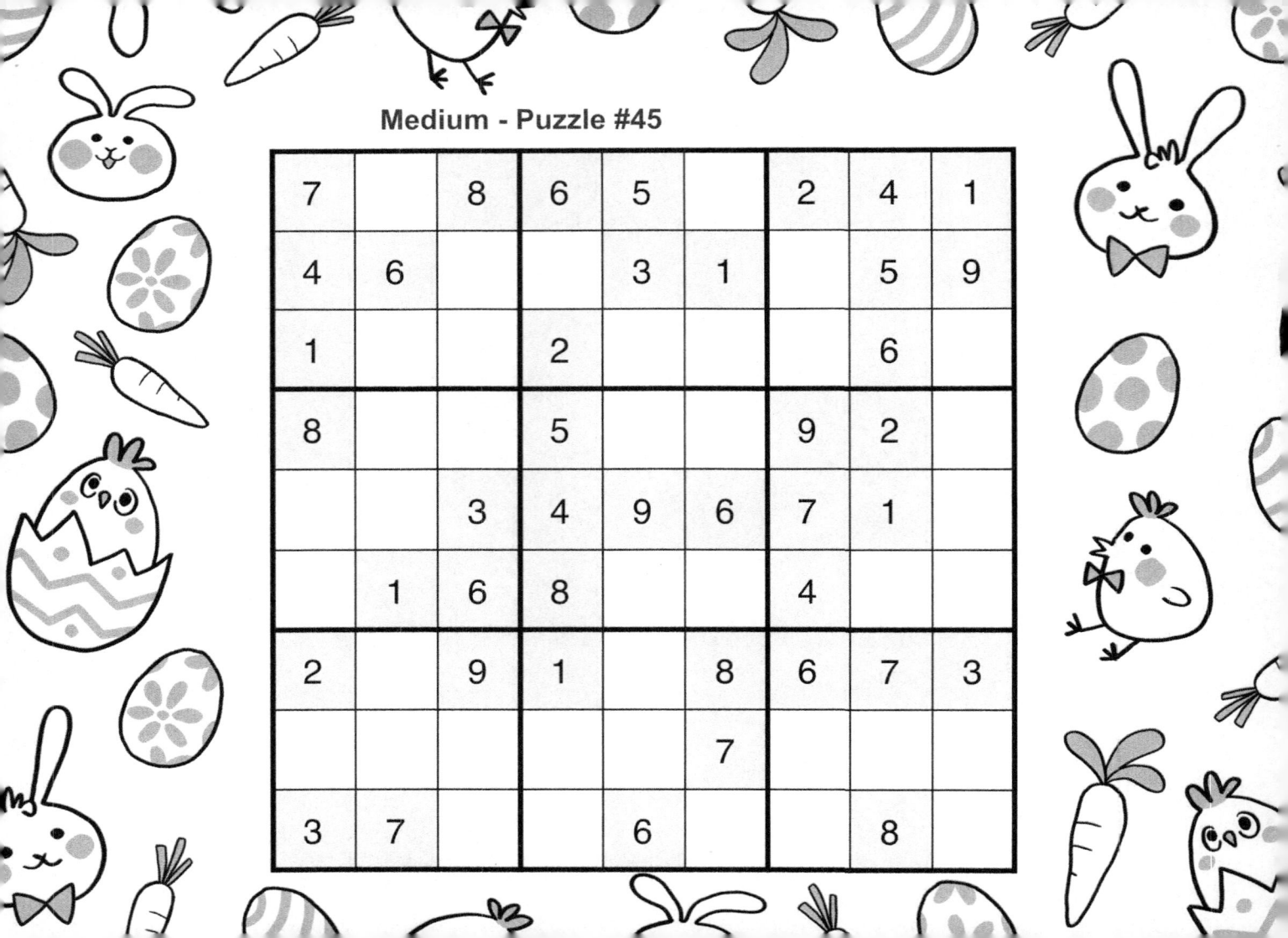

Medium - Puzzle #45

7		8	6	5		2	4	1
4	6			3	1		5	9
1			2				6	
8			5			9	2	
		3	4	9	6	7	1	
	1	6	8			4		
2		9	1		8	6	7	3
					7			
3	7			6			8	

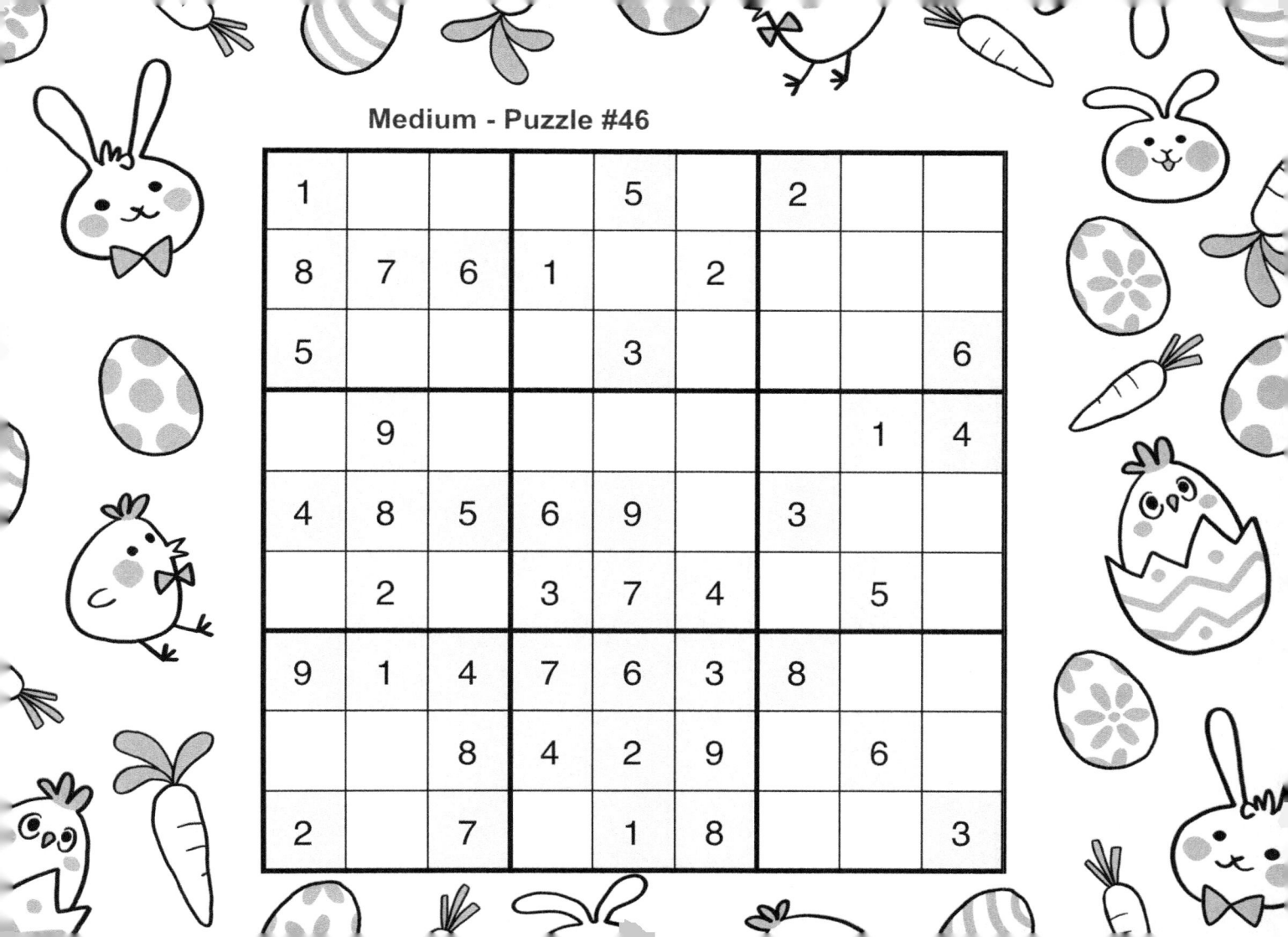

Medium - Puzzle #46

1				5		2		
8	7	6	1		2			
5				3				6
	9						1	4
4	8	5	6	9		3		
	2		3	7	4		5	
9	1	4	7	6	3	8		
		8	4	2	9		6	
2		7		1	8			3

Medium - Puzzle #47

5	4	3	6	7	9			2
8		1			3			6
6	9	7		2	8		5	
3				4	7	9		
			2		6	4		3
	8	2			1	6		
			6	4	2	3		
9	6		1	2				7
	3		9	5	8	6	1	

Medium - Puzzle #48

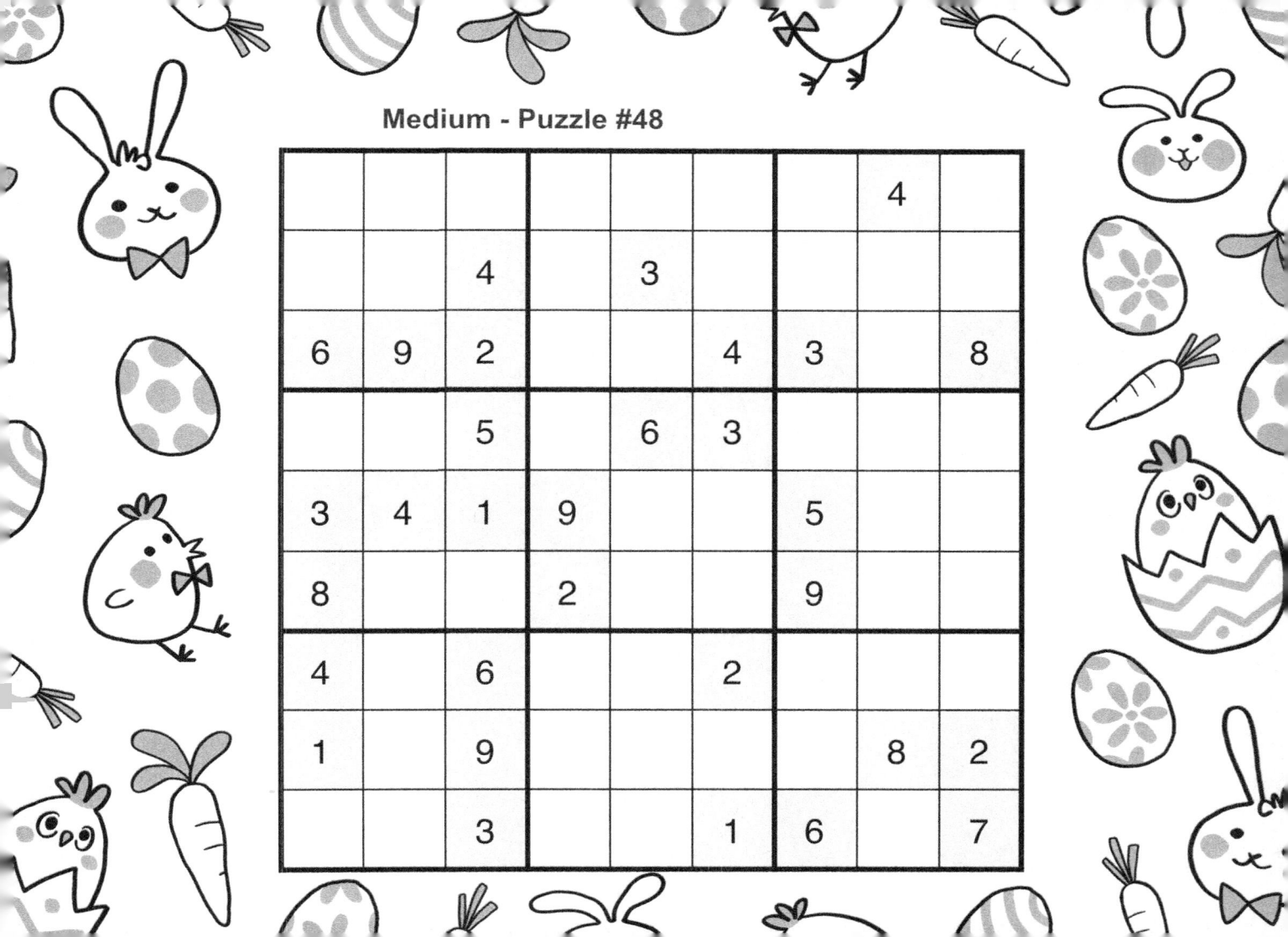

							4	
		4		3				
6	9	2			4	3		8
		5		6	3			
3	4	1	9			5		
8			2			9		
4		6			2			
1		9					8	2
		3			1	6		7

Medium - Puzzle #49

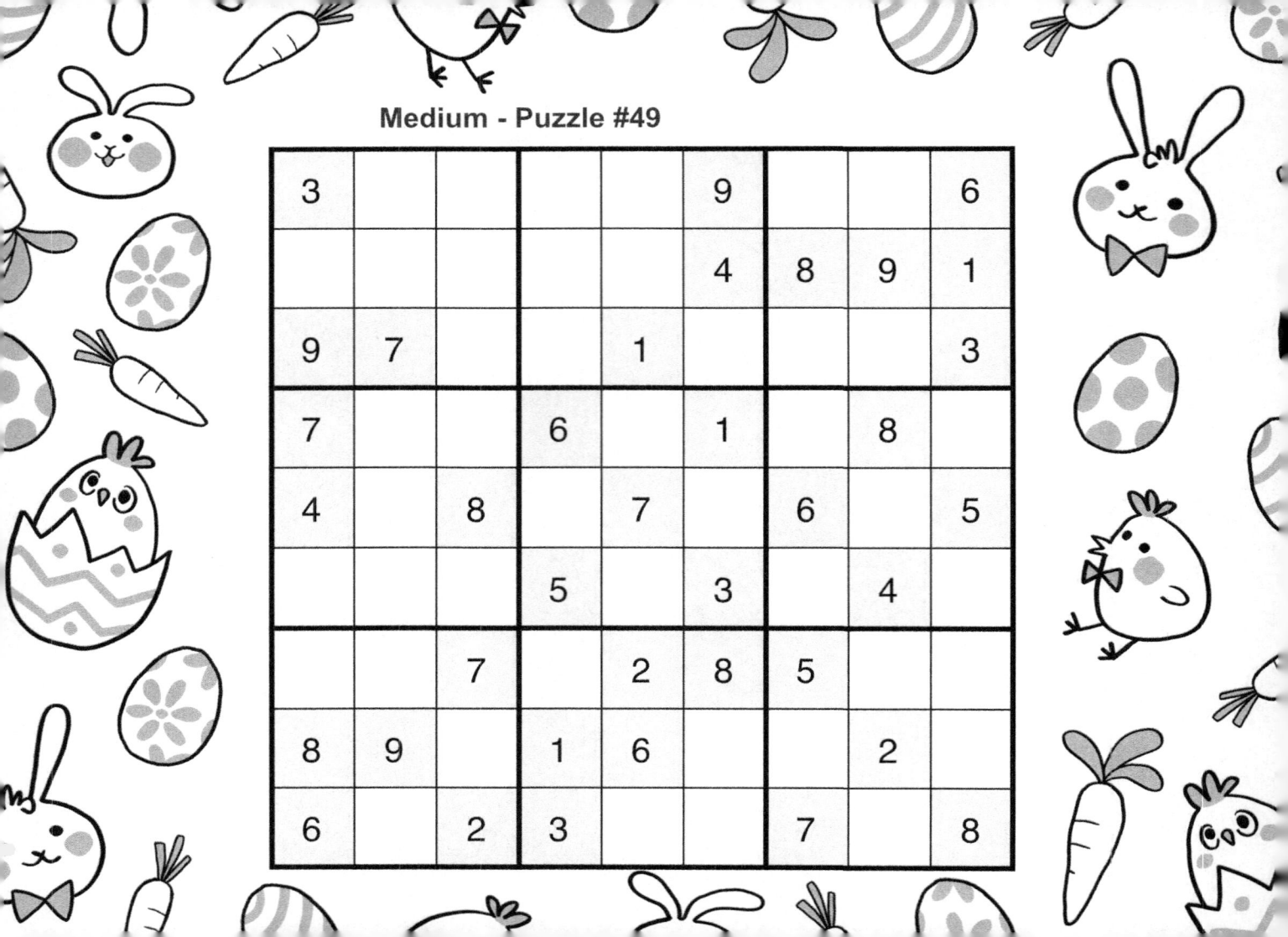

3					9			6
					4	8	9	1
9	7			1				3
7			6		1		8	
4		8		7		6		5
			5		3		4	
		7		2	8	5		
8	9		1	6			2	
6		2	3			7		8

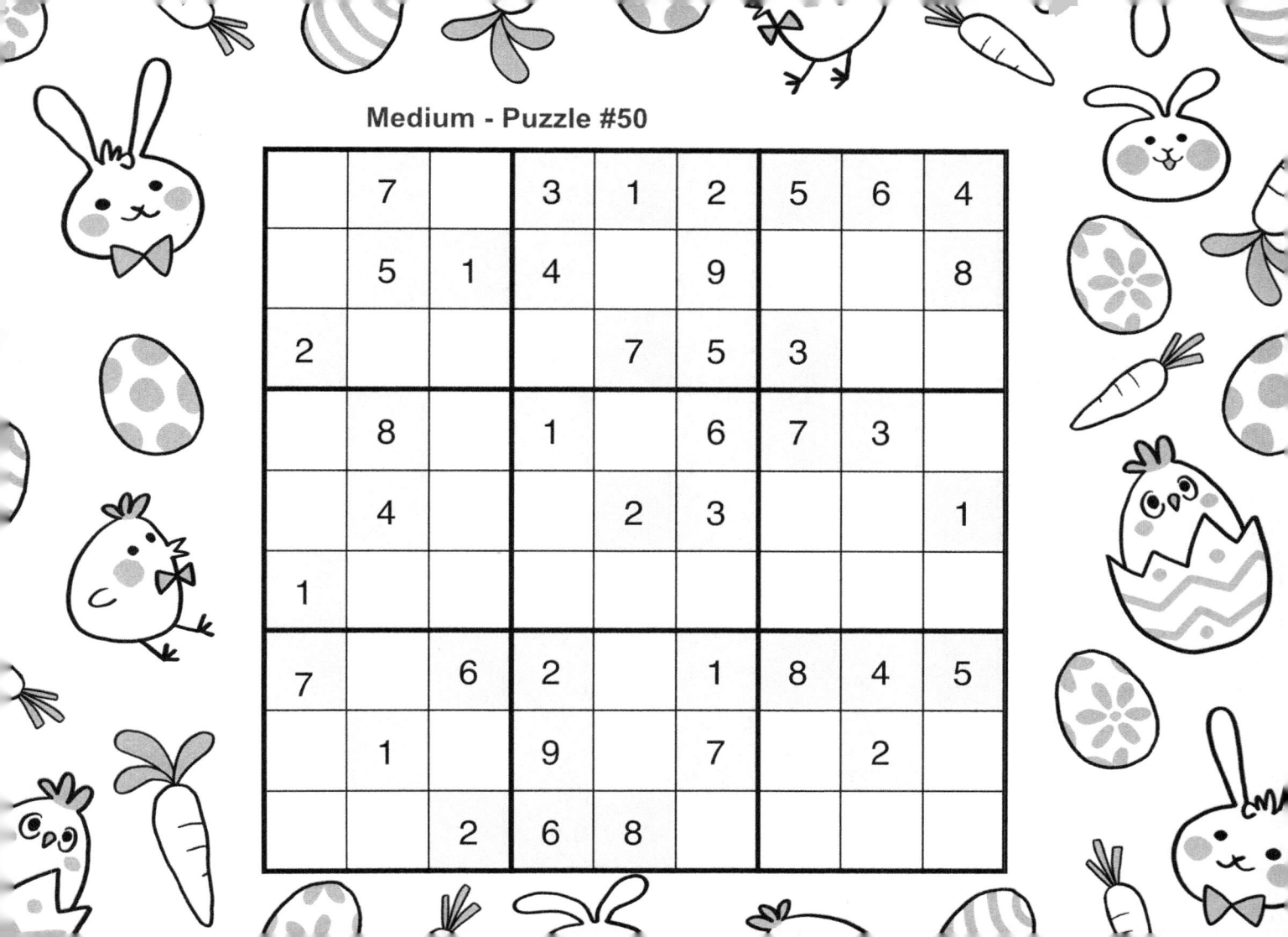

Medium - Puzzle #50

	7		3	1	2	5	6	4
	5	1	4		9			8
2				7	5	3		
	8		1		6	7	3	
	4			2	3			1
1								
7		6	2		1	8	4	5
	1		9		7		2	
		2	6	8				

HARD - Puzzle #51

	2		8		9	7		1
			4	6	5			8
5		9	1		7		6	3
		8				1		2
	7	3		9	2			
			7	8				
2			3	5		8		9
8		5		7				
3		6	9		8			

HARD - Puzzle #52

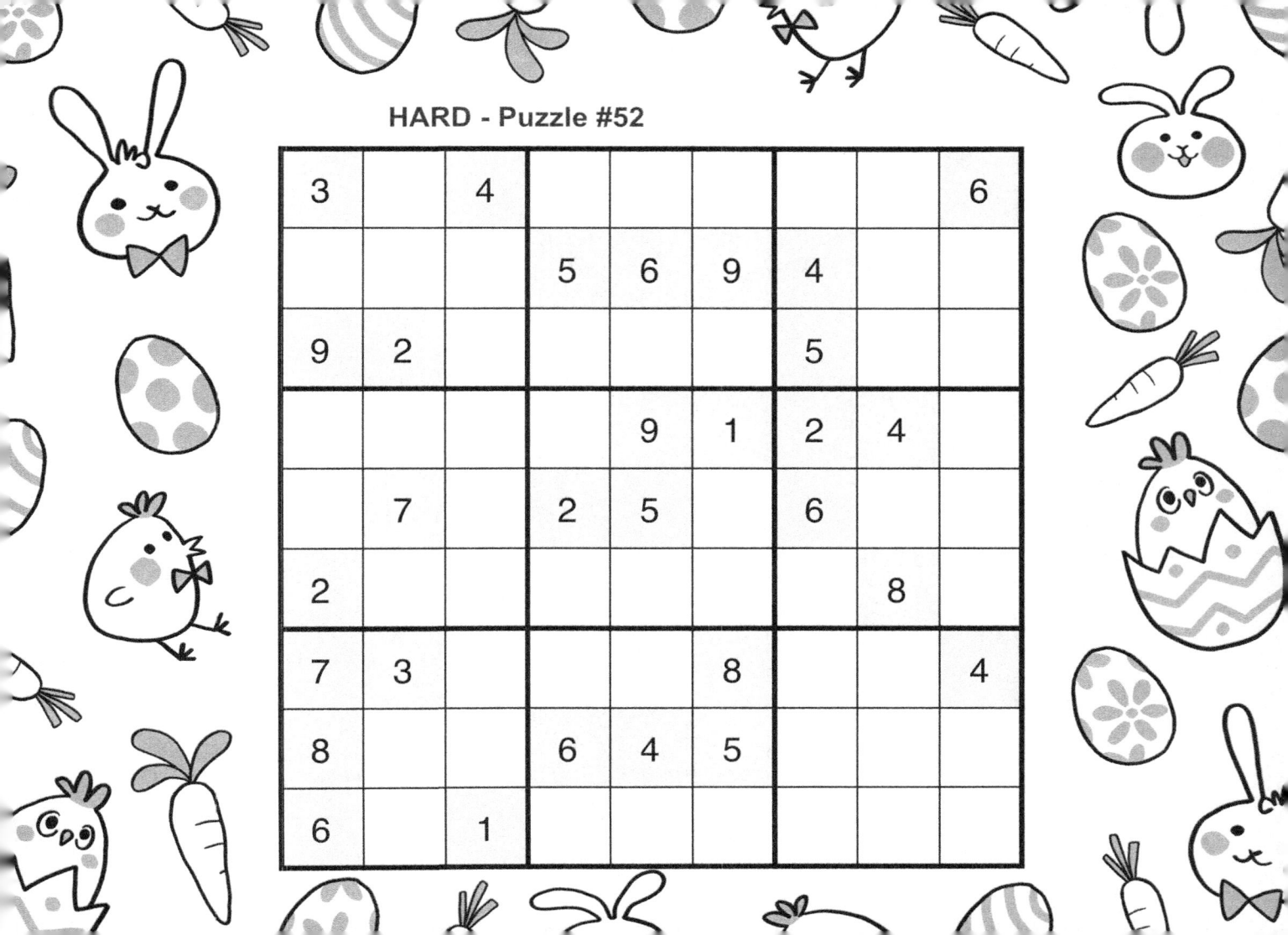

3		4						6
			5	6	9	4		
9	2					5		
				9	1	2	4	
	7		2	5		6		
2							8	
7	3				8			4
8			6	4	5			
6		1						

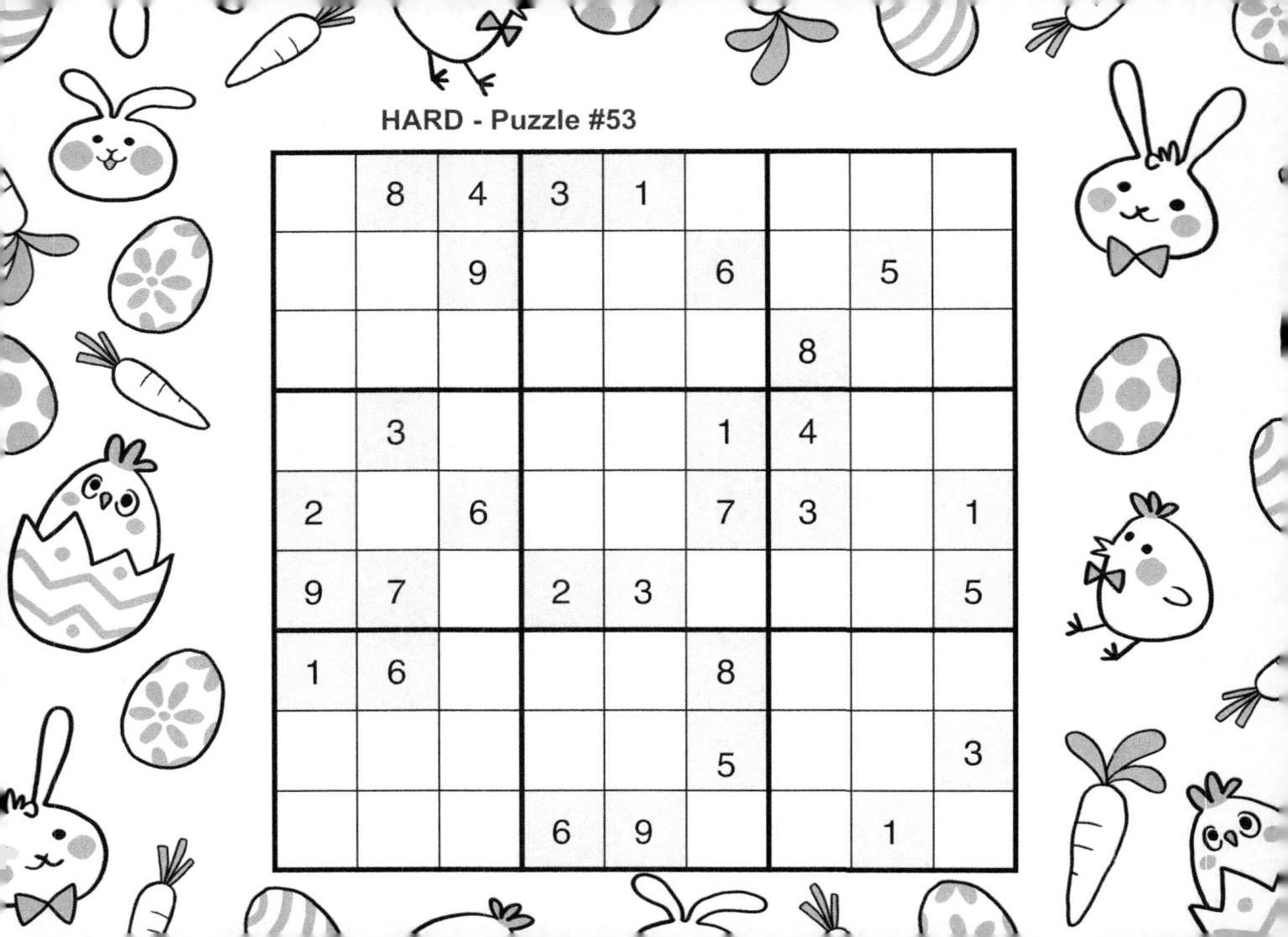

HARD - Puzzle #53

	8	4	3	1				
		9			6		5	
						8		
	3				1	4		
2		6			7	3		1
9	7		2	3				5
1	6				8			
					5			3
			6	9			1	

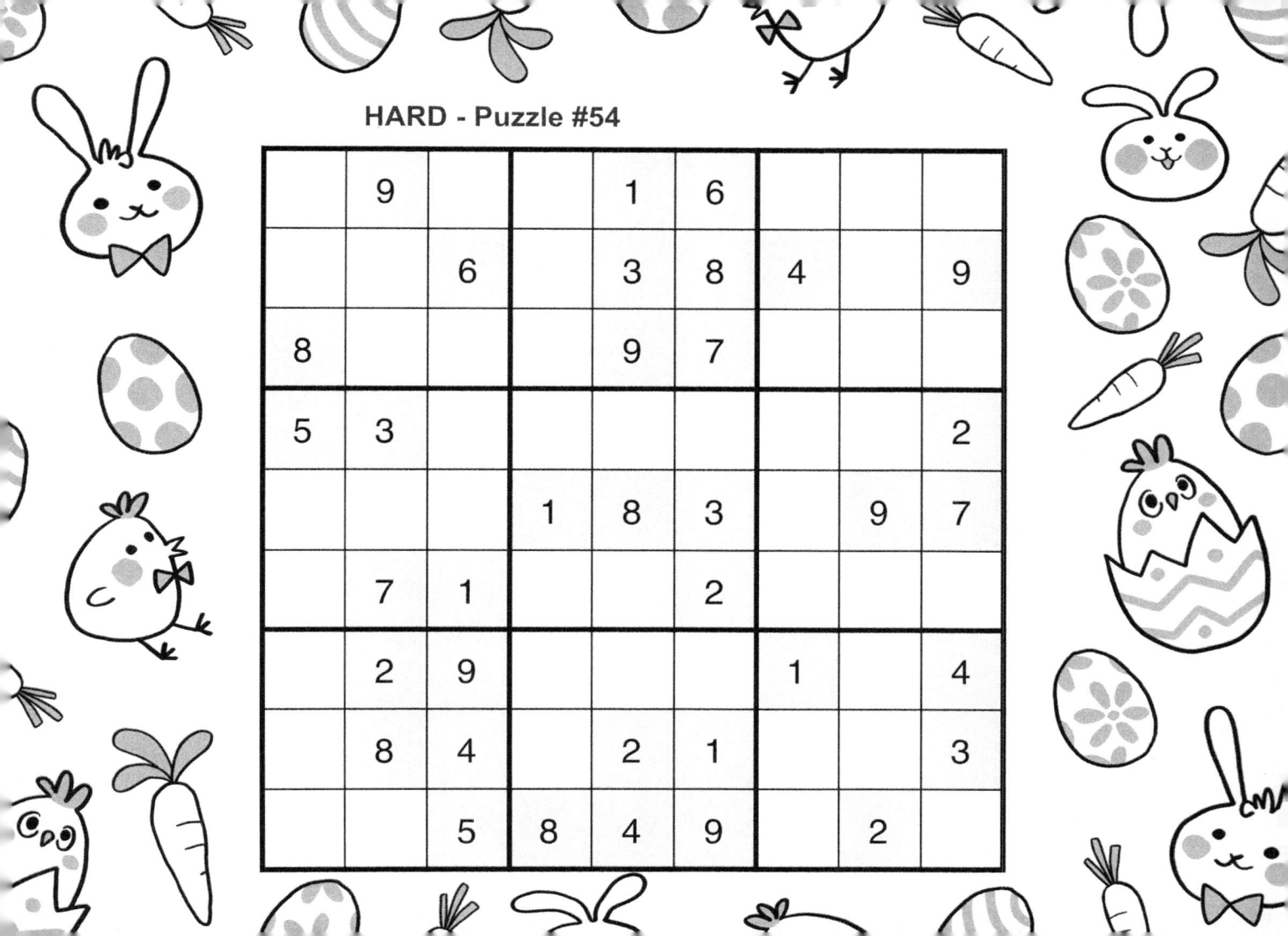

HARD - Puzzle #54

	9				1	6			
		6		3	8		4		9
8				9	7				
5	3								2
			1	8	3			9	7
	7	1			2				
	2	9					1		4
	8	4		2	1				3
		5	8	4	9			2	

HARD - Puzzle #55

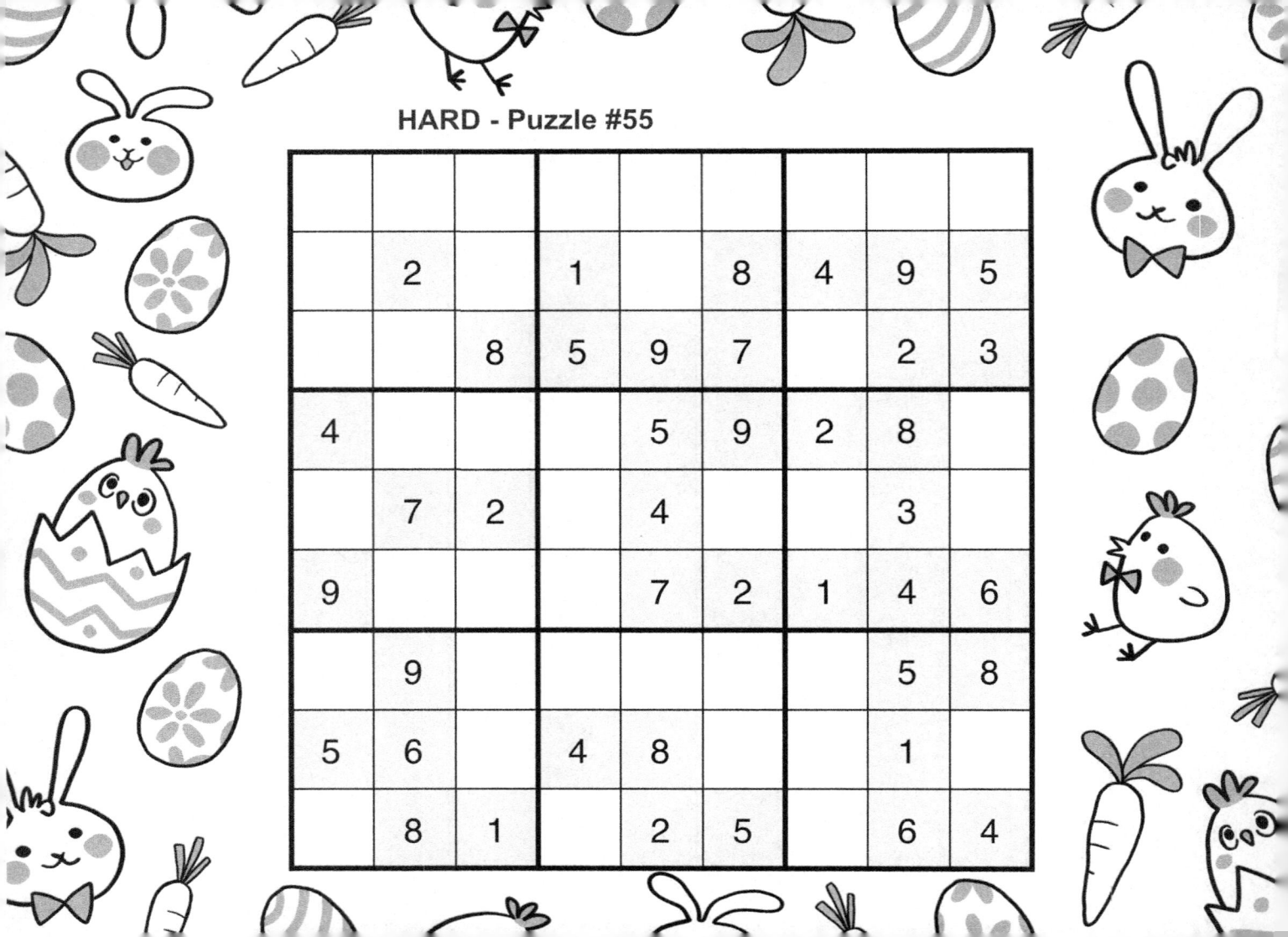

	2		1		8	4	9	5
		8	5	9	7		2	3
4				5	9	2	8	
	7	2		4			3	
9				7	2	1	4	6
	9						5	8
5	6		4	8			1	
	8	1		2	5		6	4

HARD - Puzzle #56

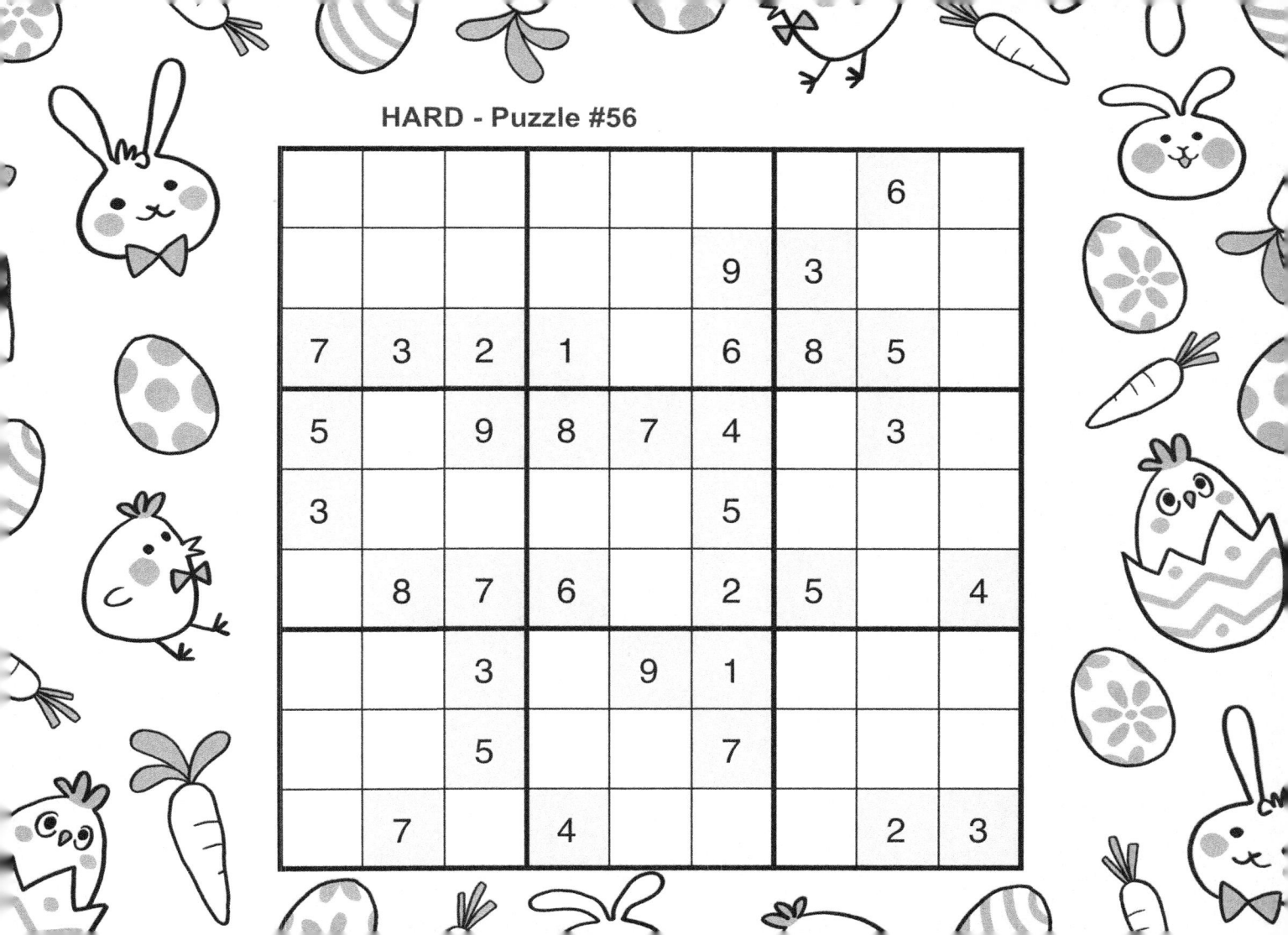

							6	
					9	3		
7	3	2	1		6	8	5	
5		9	8	7	4		3	
3					5			
	8	7	6		2	5		4
		3		9	1			
		5			7			
	7		4				2	3

HARD - Puzzle #57

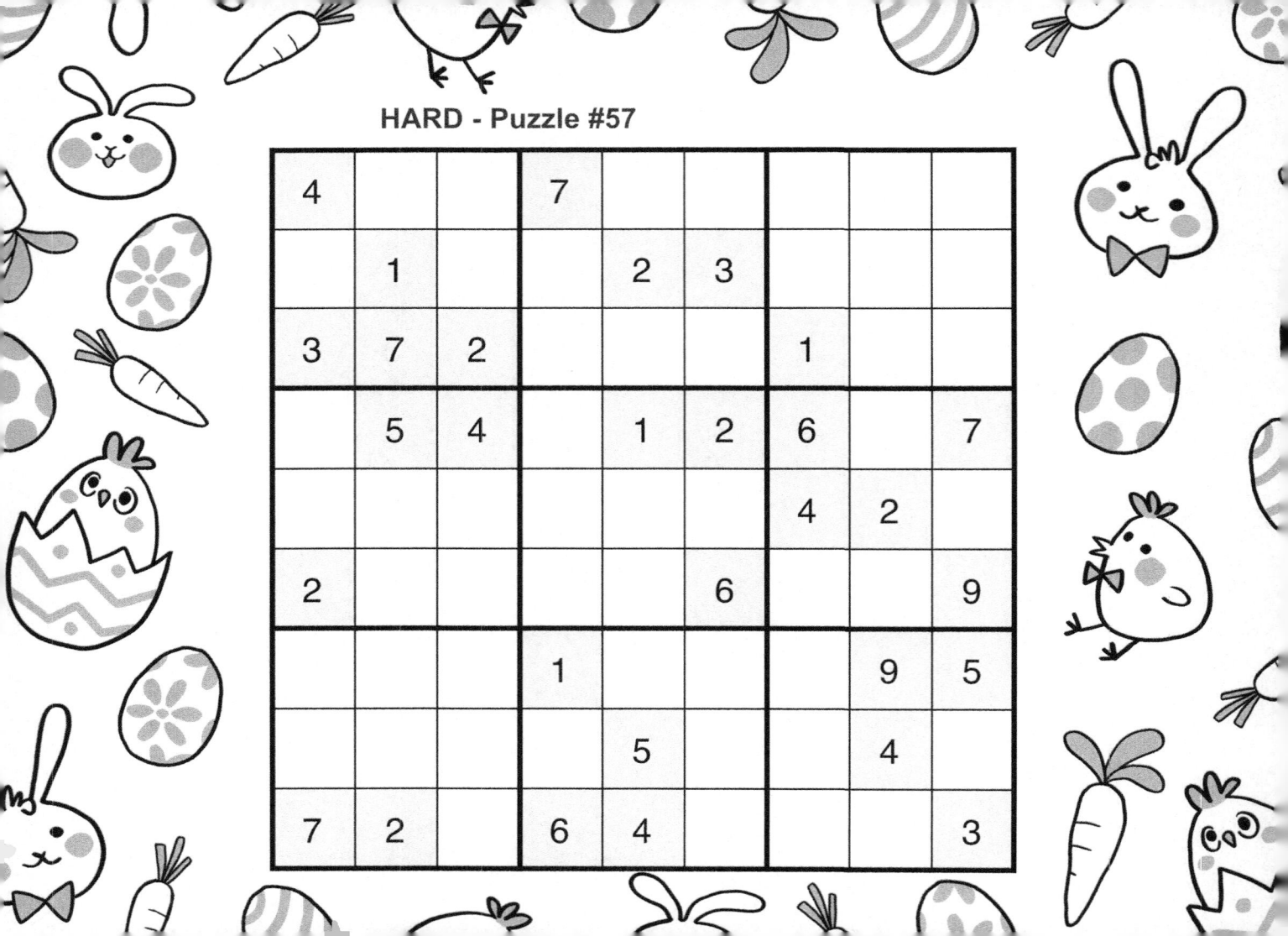

4			7					
	1			2	3			
3	7	2					1	
	5	4		1	2	6		7
						4	2	
2					6			9
			1				9	5
				5			4	
7	2		6	4				3

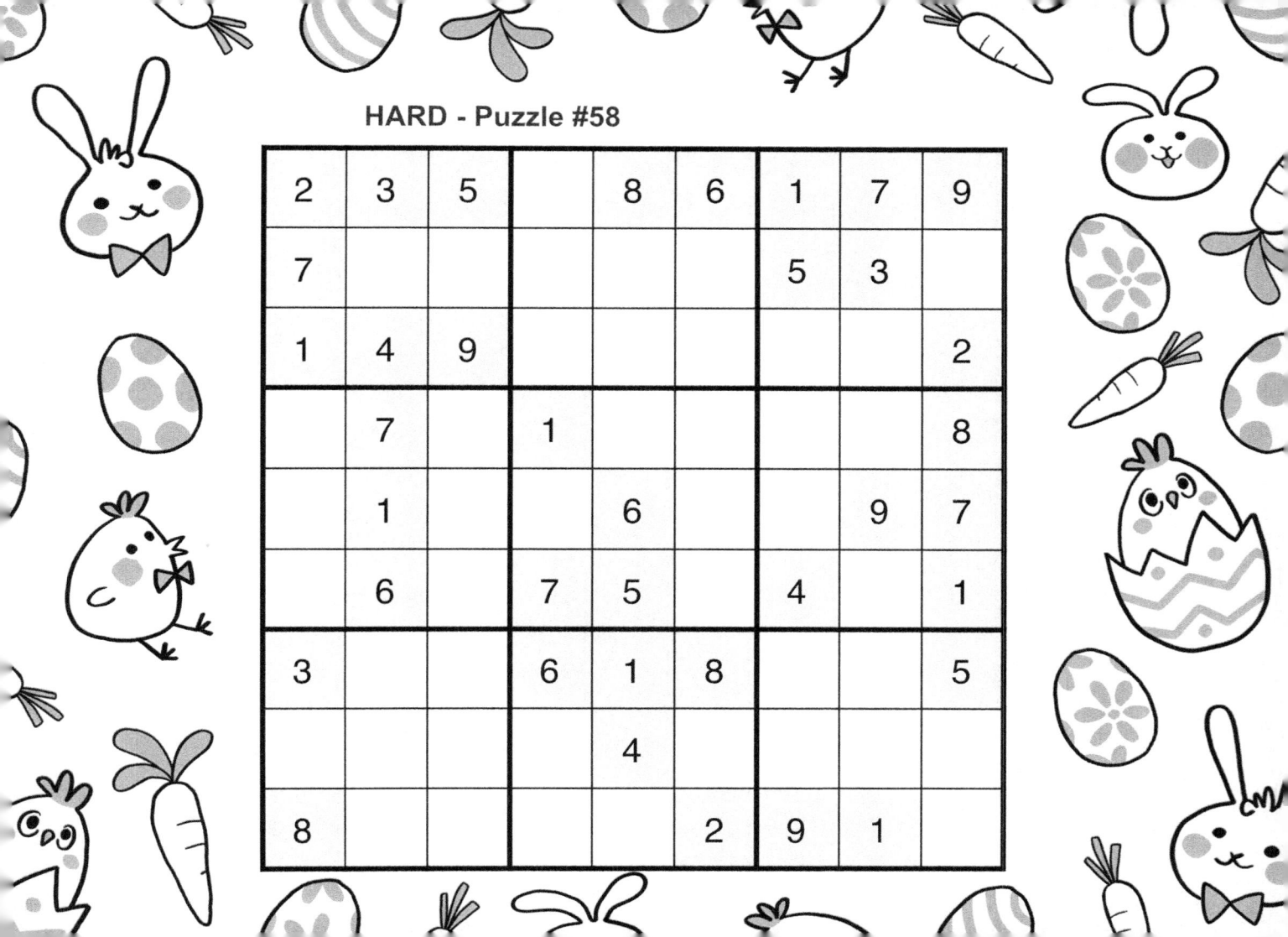

HARD - Puzzle #58

2	3	5		8	6	1	7	9
7						5	3	
1	4	9						2
	7		1					8
	1			6			9	7
	6		7	5		4		1
3			6	1	8			5
				4				
8					2	9	1	

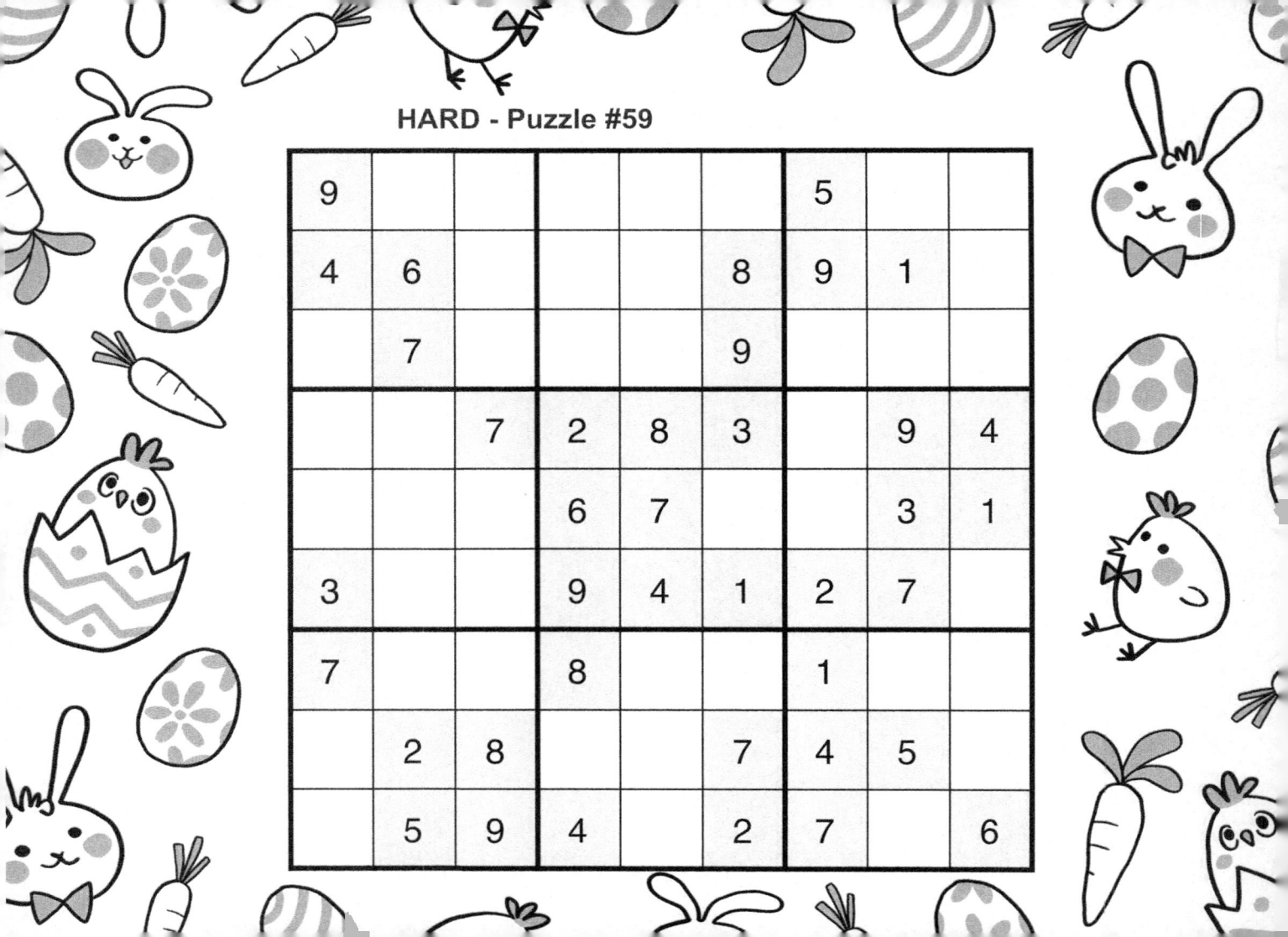

HARD - Puzzle #59

9						5		
4	6				8	9	1	
	7				9			
		7	2	8	3		9	4
			6	7			3	1
3			9	4	1	2	7	
7			8			1		
	2	8			7	4	5	
	5	9	4		2	7		6

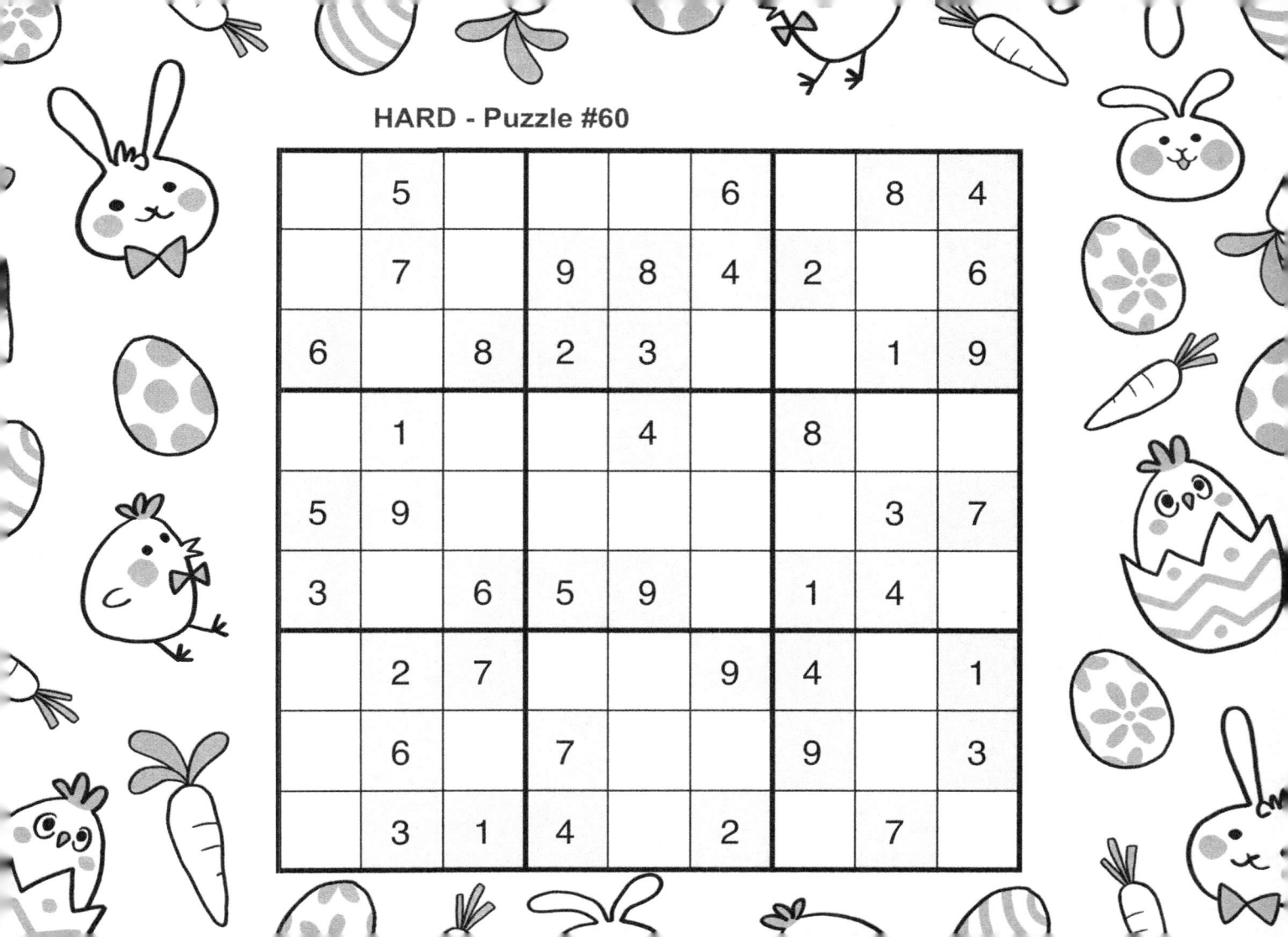

HARD - Puzzle #60

	5				6		8	4
	7		9	8	4	2		6
6		8	2	3			1	9
	1			4		8		
5	9						3	7
3		6	5	9		1	4	
	2	7			9	4		1
	6		7			9		3
	3	1	4		2		7	

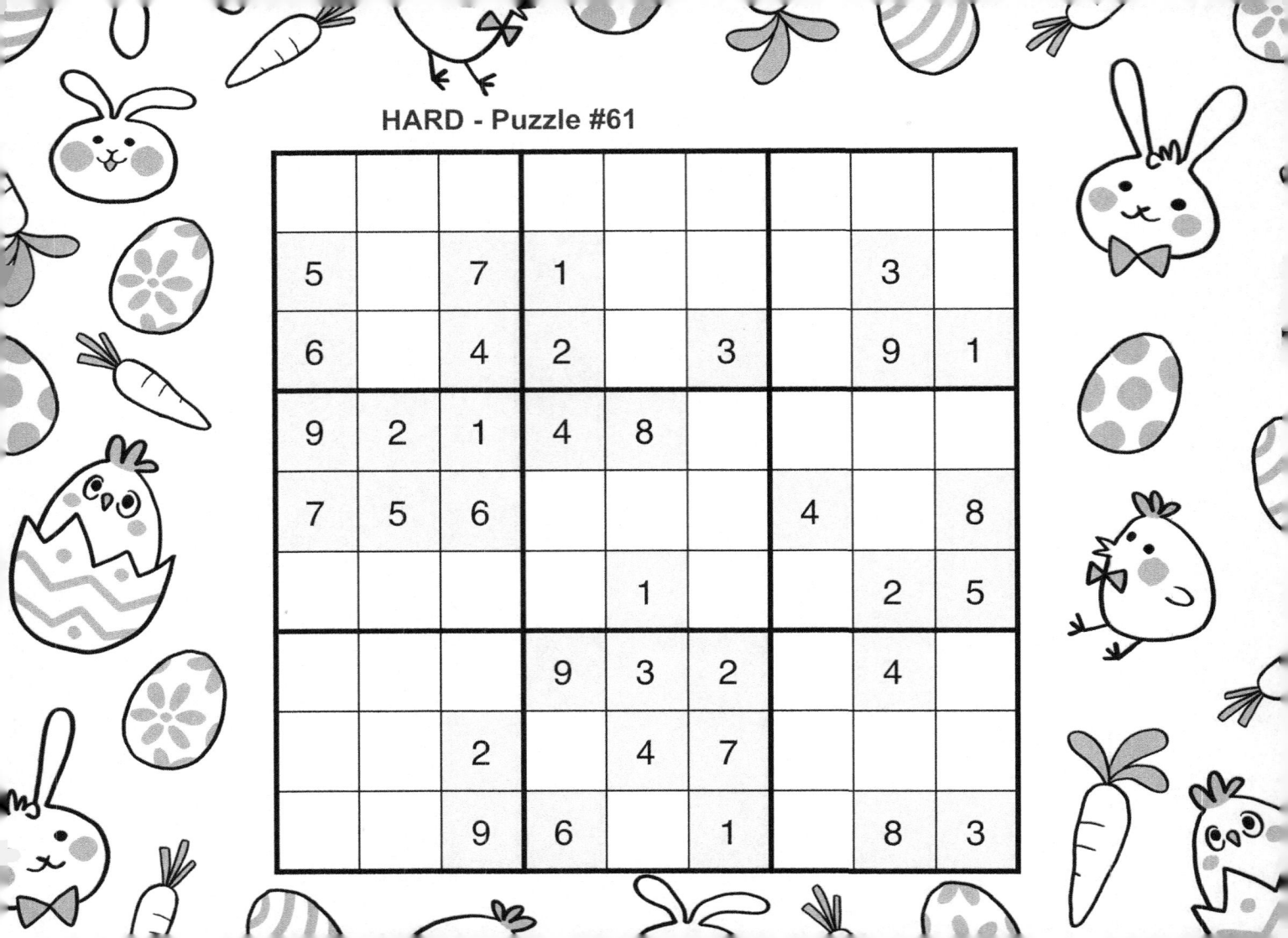

HARD - Puzzle #61

5		7	1				3	
6		4	2		3		9	1
9	2	1	4	8				
7	5	6				4		8
				1			2	5
			9	3	2		4	
		2		4	7			
		9	6		1		8	3

HARD - Puzzle #62

7					9	8		
		5	1			4		
	1	2		5	3	6		
9		7	8					6
2			9	3	6	5		8
	6			2		1		9
	2		5		7	9		
			3		2	7		1
5			6	4		2		

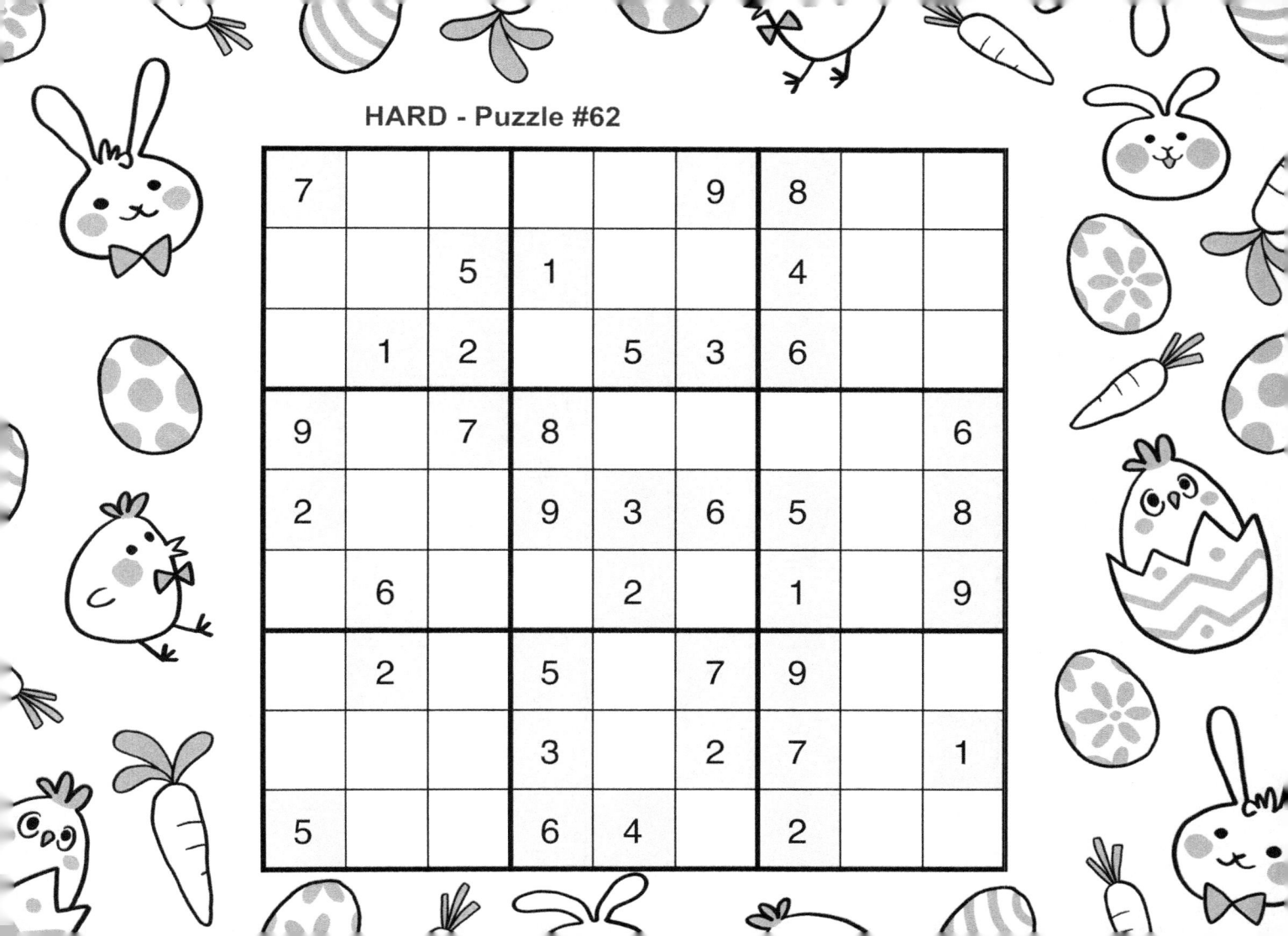

HARD - Puzzle #63

2	9	6	7	1	5			3
3					8			
	7		3		2		6	
			1		4	6	3	8
	3	8			6	1		9
1	6			7	3		2	4
7	1		5			4		6
			6		7			5
		2				3		7

HARD - Puzzle #64

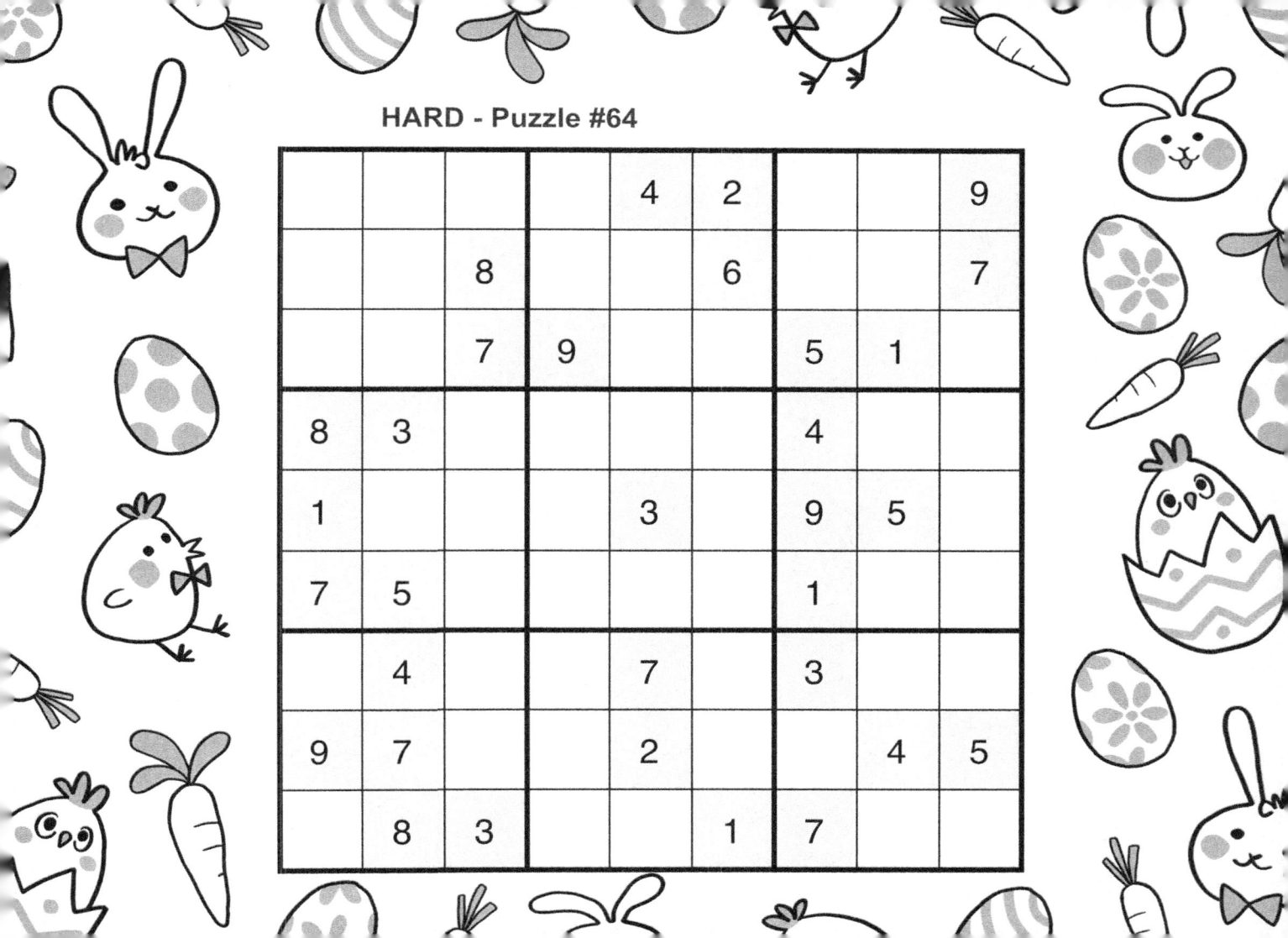

				4	2			9
		8			6			7
		7	9			5	1	
8	3					4		
1				3		9	5	
7	5					1		
	4			7		3		
9	7			2			4	5
	8	3			1	7		

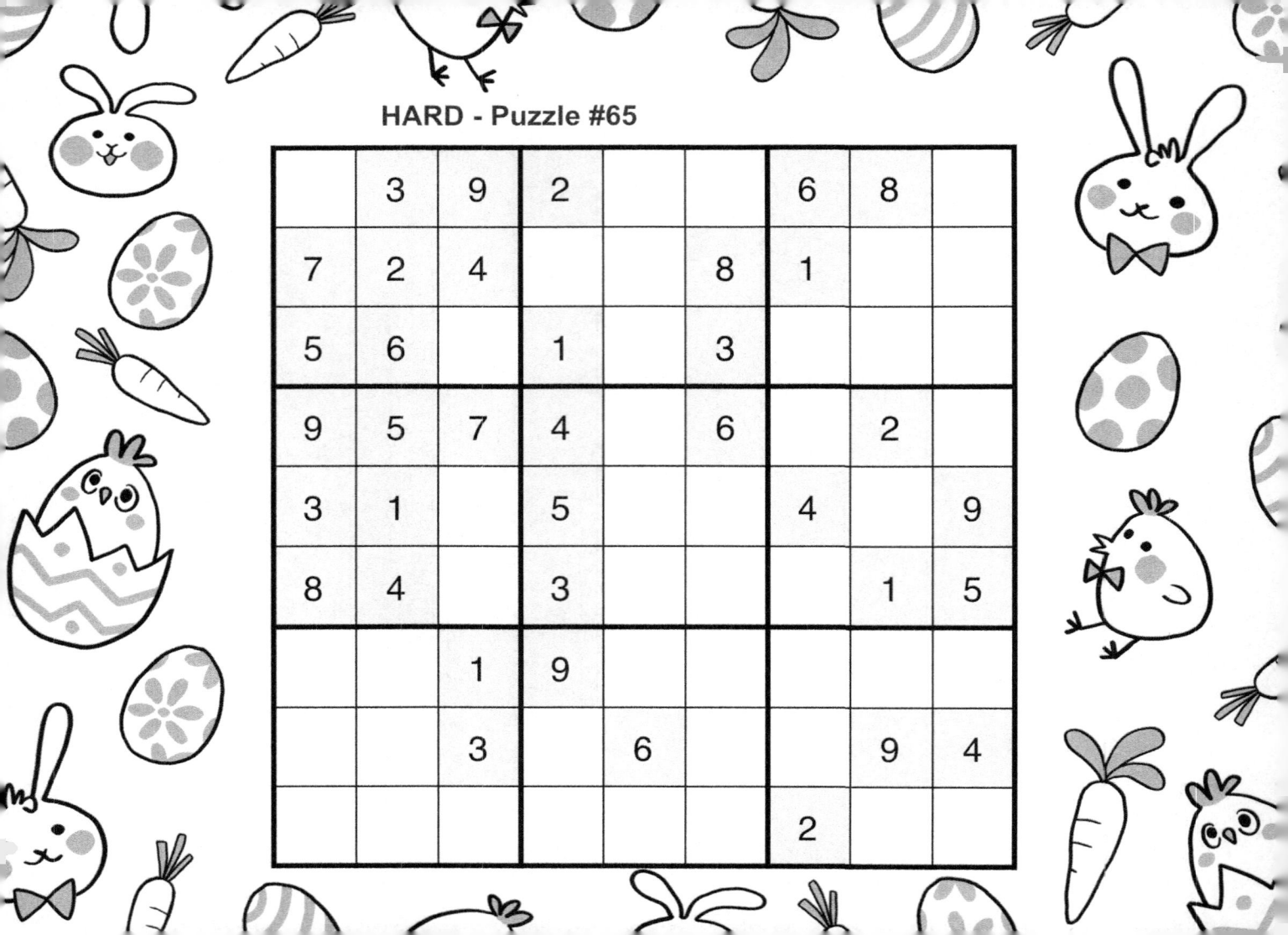

HARD - Puzzle #65

	3	9	2			6	8	
7	2	4			8	1		
5	6		1		3			
9	5	7	4		6		2	
3	1		5			4		9
8	4		3				1	5
		1	9					
		3		6			9	4
						2		

HARD - Puzzle #66

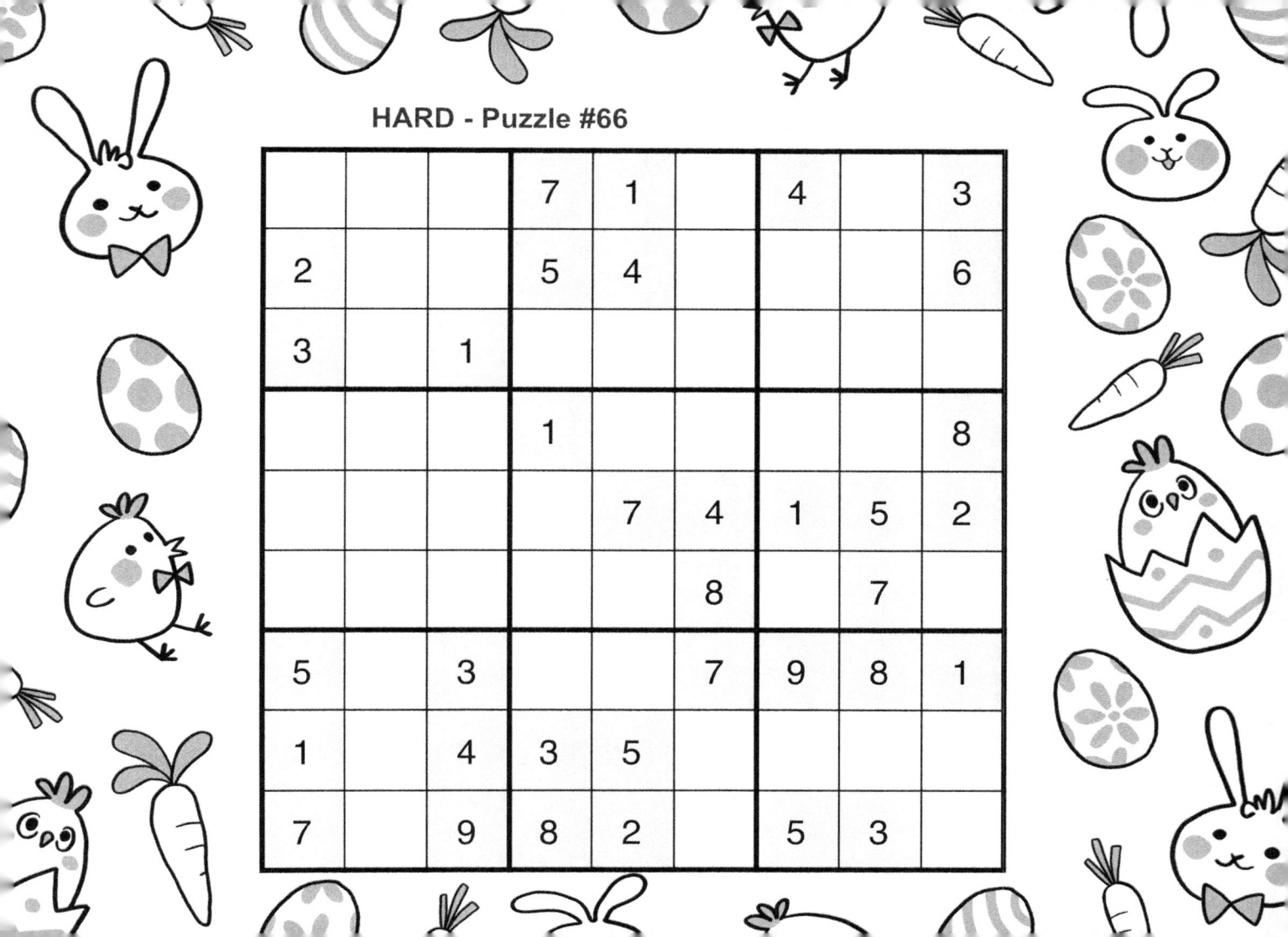

			7	1		4		3
2			5	4				6
3		1						
			1					8
				7	4	1	5	2
					8		7	
5		3			7	9	8	1
1		4	3	5				
7		9	8	2		5	3	

HARD - Puzzle #67

7			1		5	2	8	
	1	2		8	9		7	
3	8		2	7		5		9
1	4	7		5		8		
	5	3		4			9	
9	6	8		2	1	4	5	7
		1	4		2	7		5
6	2		8	1	7	9		
			5	6			2	8

HARD - Puzzle #68

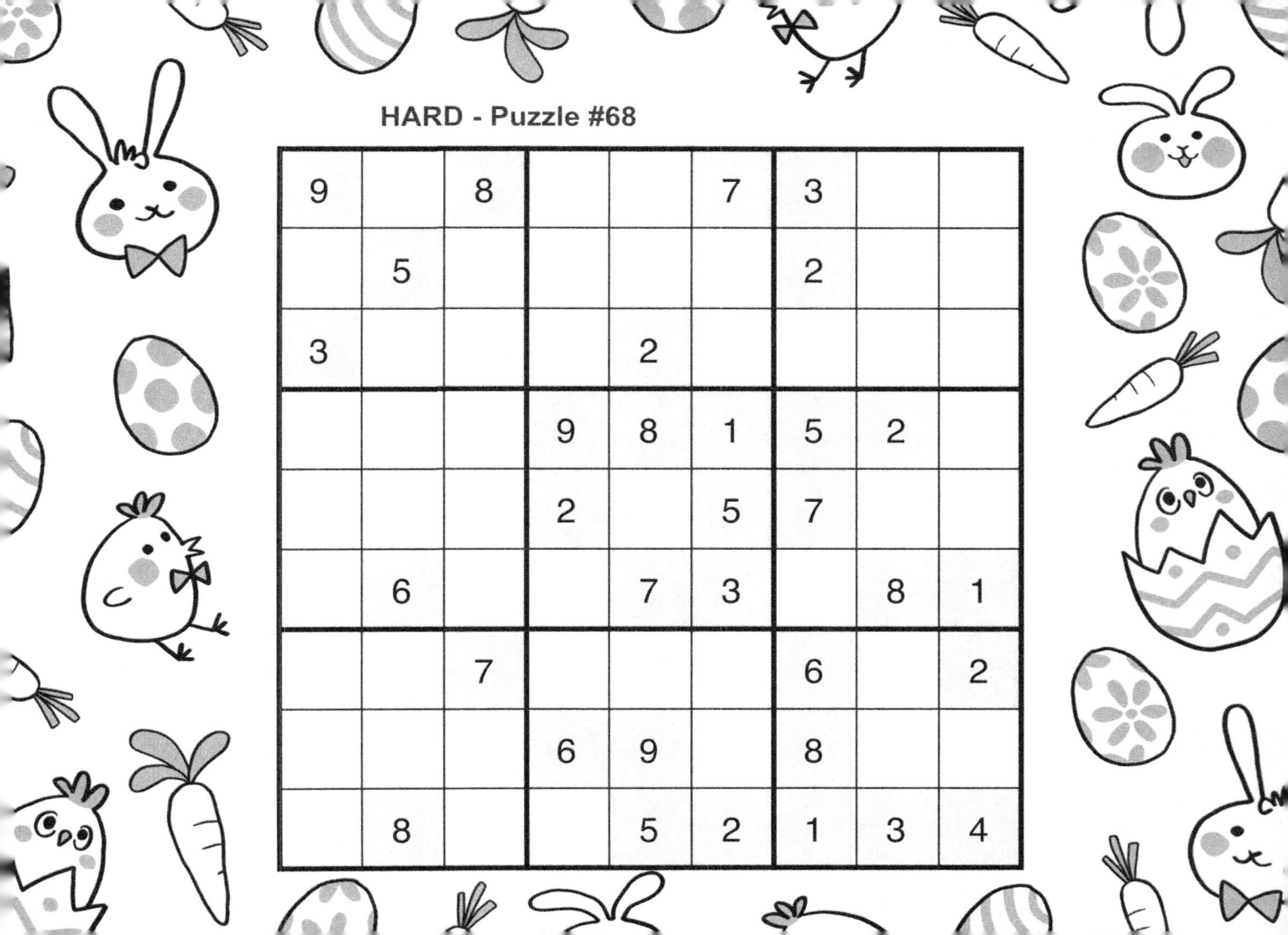

9		8			7	3		
	5					2		
3				2				
			9	8	1	5	2	
			2		5	7		
	6			7	3		8	1
		7				6		2
			6	9		8		
	8			5	2	1	3	4

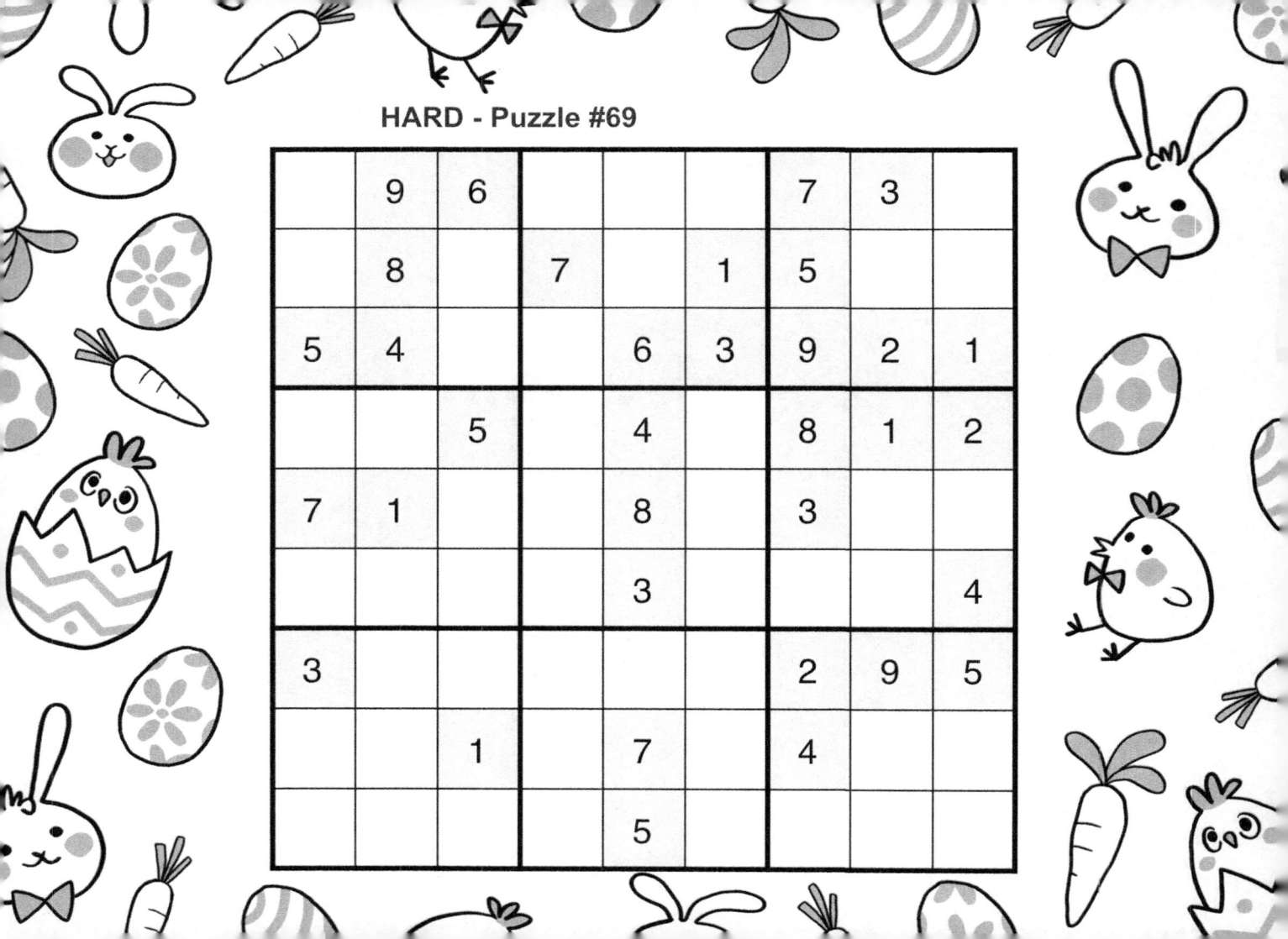

HARD - Puzzle #69

	9	6				7	3	
	8		7		1	5		
5	4			6	3	9	2	1
		5		4		8	1	2
7	1			8		3		
				3				4
3						2	9	5
		1		7		4		
				5				

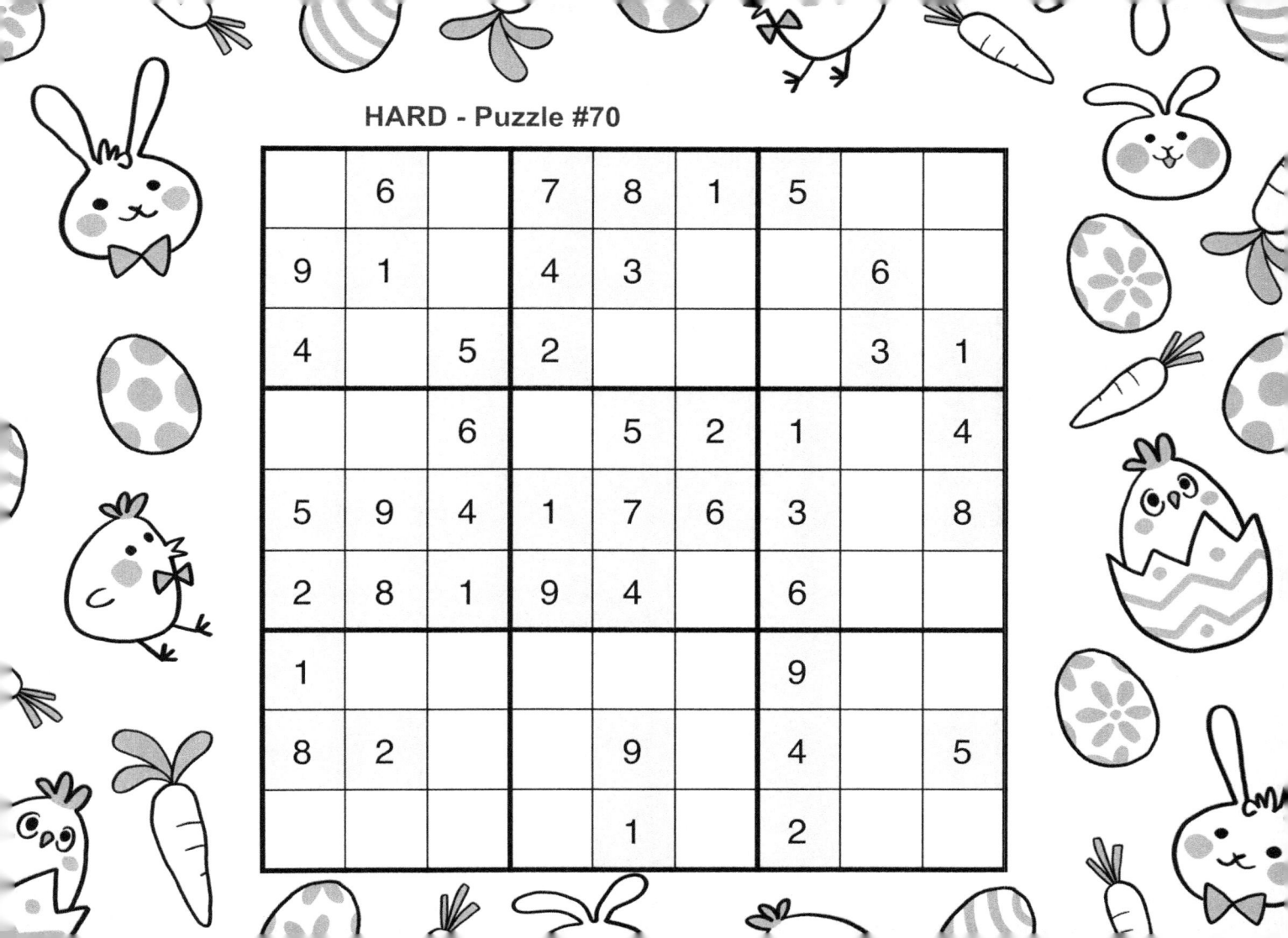

HARD - Puzzle #70

	6		7	8	1	5		
9	1		4	3			6	
4		5	2				3	1
		6		5	2	1		4
5	9	4	1	7	6	3		8
2	8	1	9	4		6		
1						9		
8	2			9		4		5
				1		2		

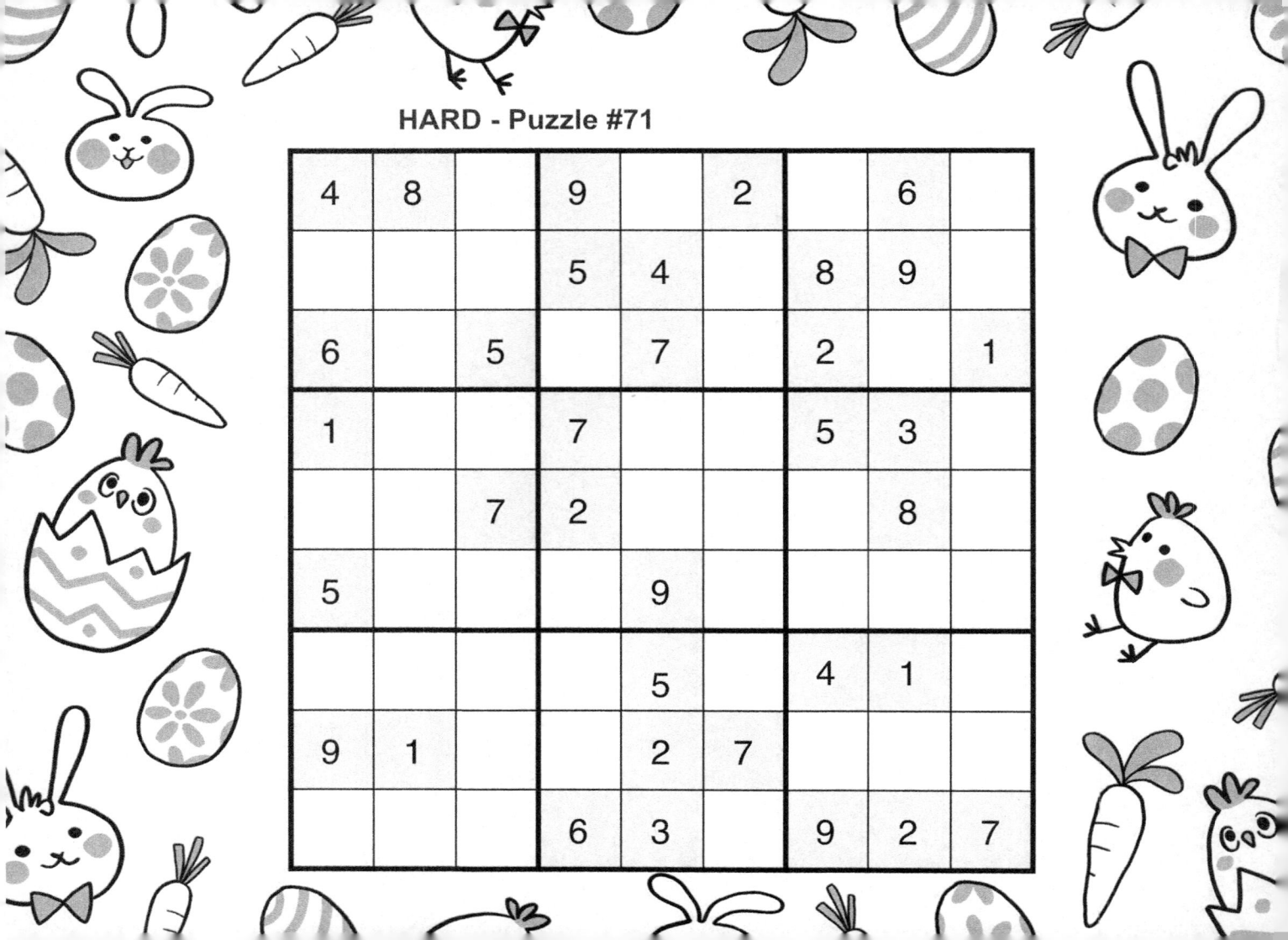

HARD - Puzzle #71

4	8		9		2		6	
			5	4		8	9	
6		5		7		2		1
1			7			5	3	
		7	2				8	
5				9				
				5		4	1	
9	1			2	7			
			6	3		9	2	7

HARD - Puzzle #72

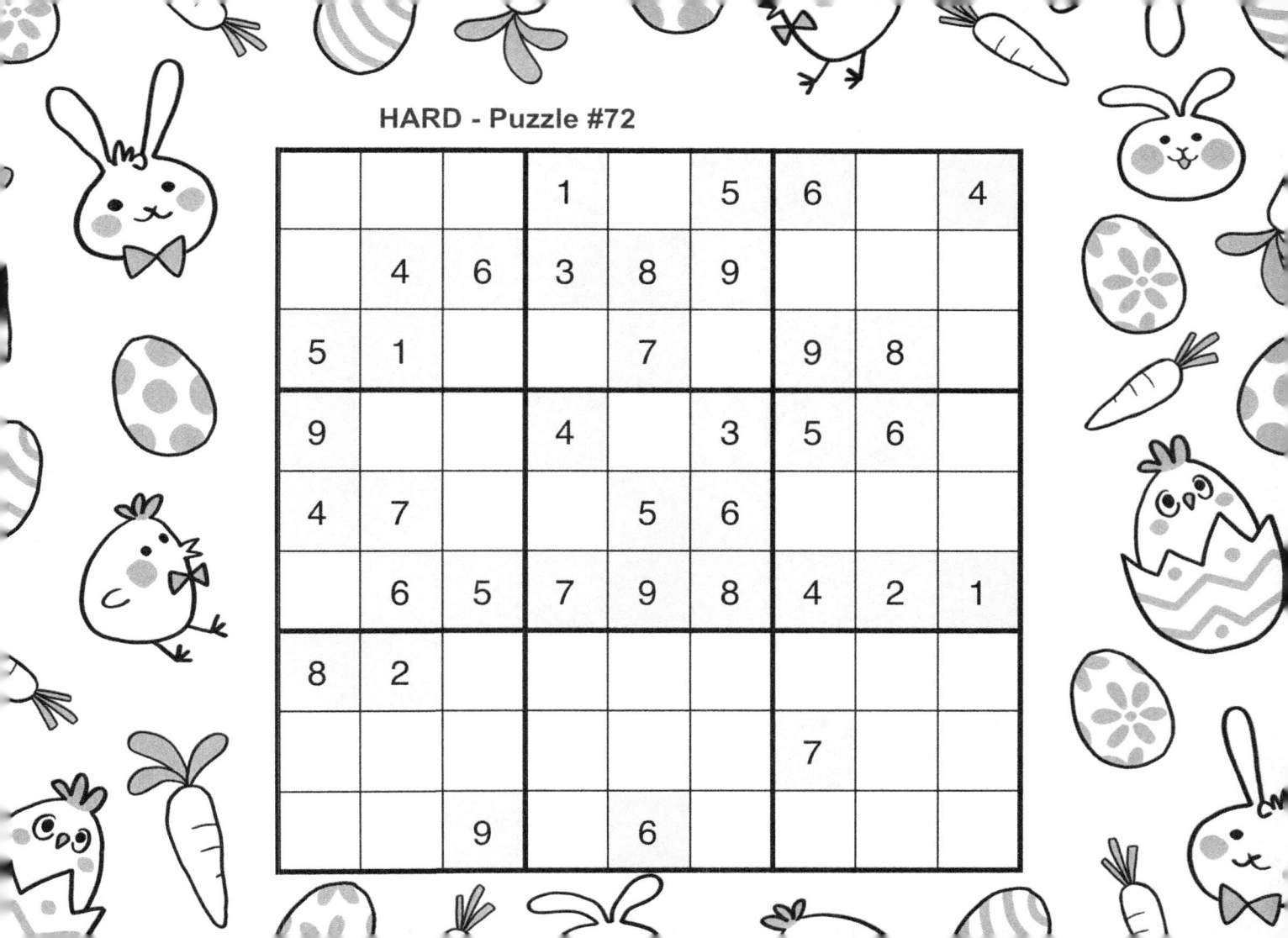

			1		5	6		4
	4	6	3	8	9			
5	1			7		9	8	
9			4		3	5	6	
4	7			5	6			
	6	5	7	9	8	4	2	1
8	2							
						7		
		9		6				

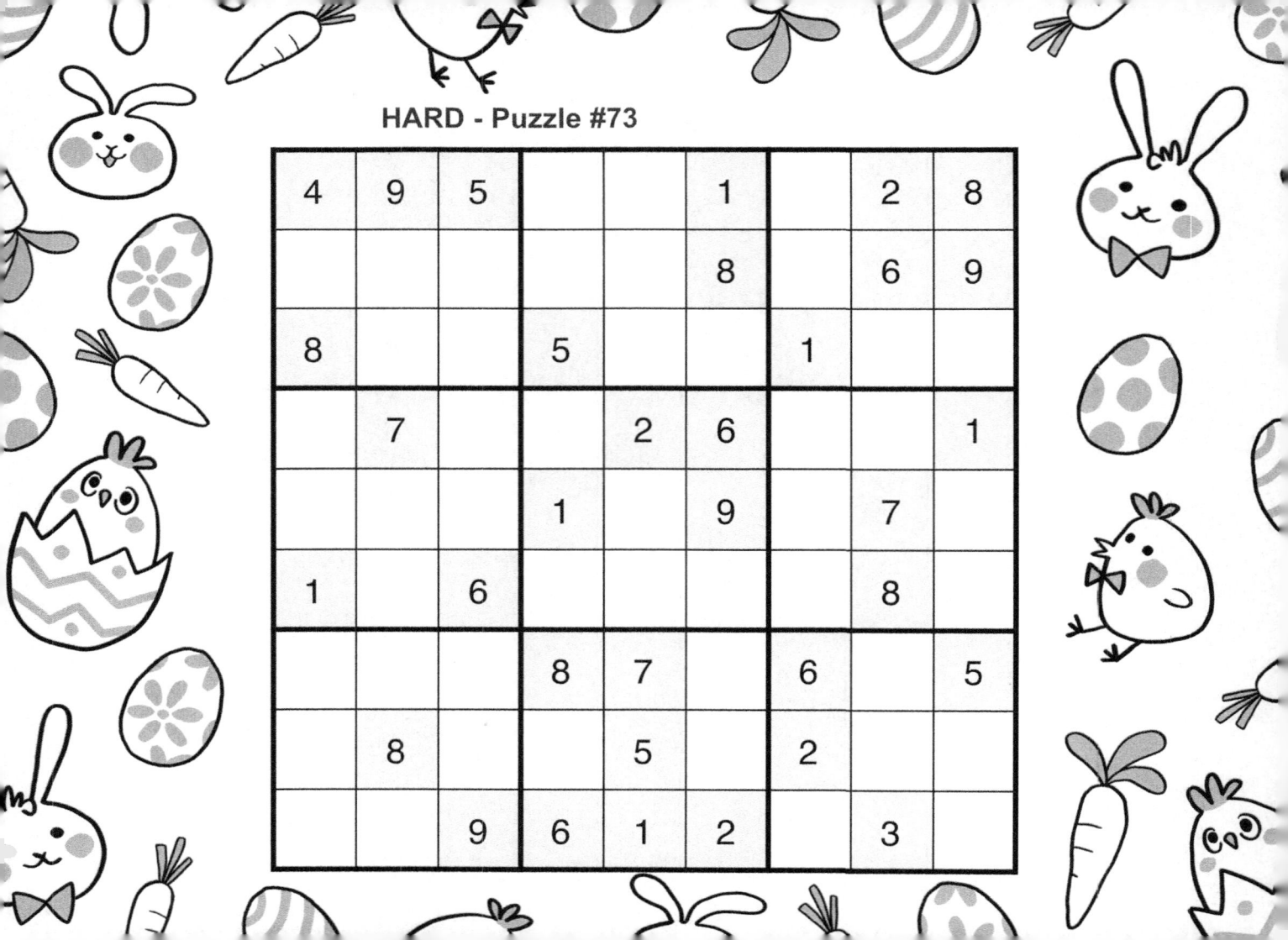

HARD - Puzzle #73

4	9	5			1		2	8
					8		6	9
8			5			1		
	7			2	6			1
			1		9		7	
1		6					8	
			8	7		6		5
	8			5		2		
		9	6	1	2		3	

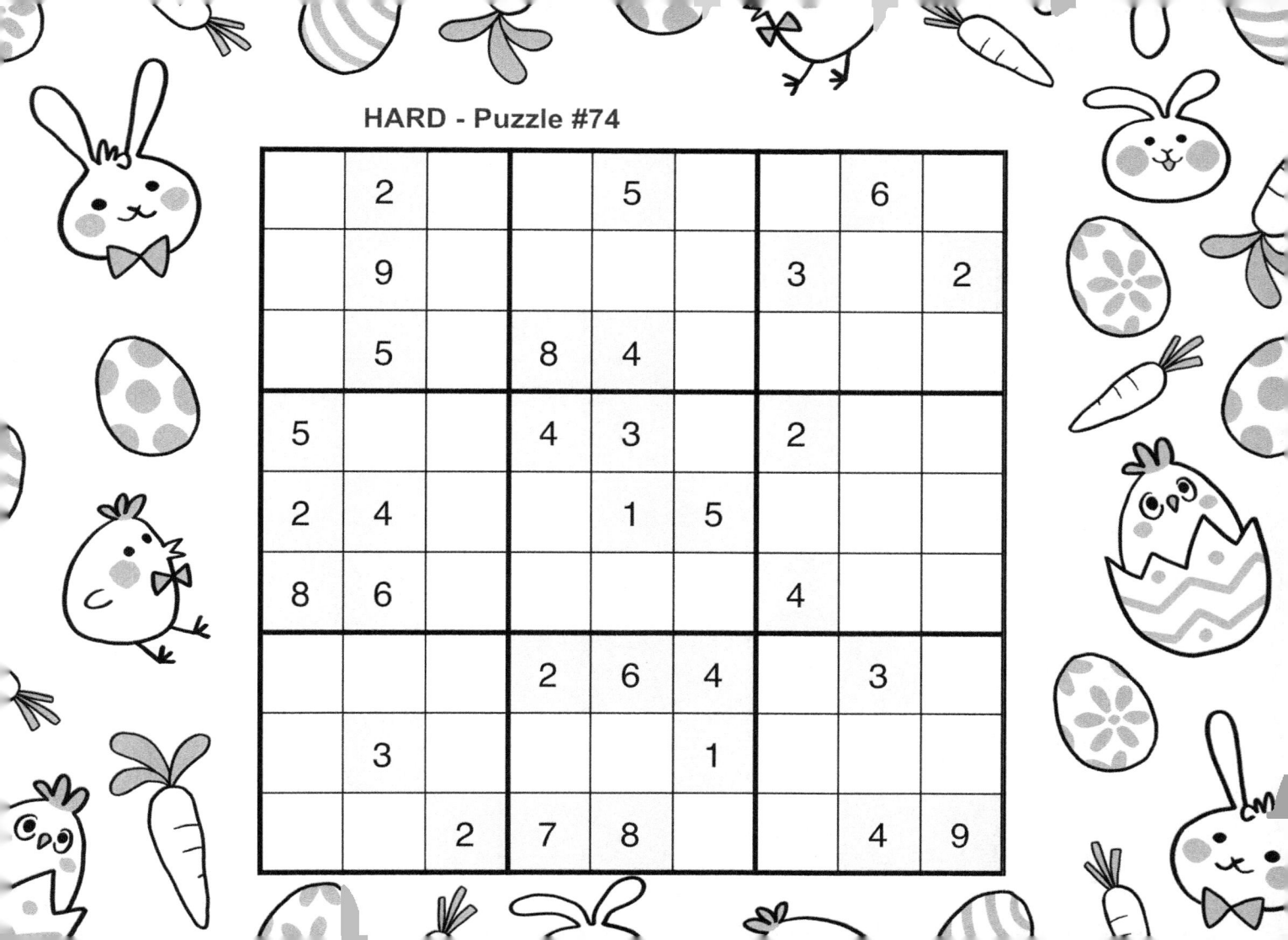

HARD - Puzzle #74

	2			5			6	
	9					3		2
	5		8	4				
5			4	3		2		
2	4			1	5			
8	6					4		
			2	6	4		3	
	3				1			
		2	7	8			4	9

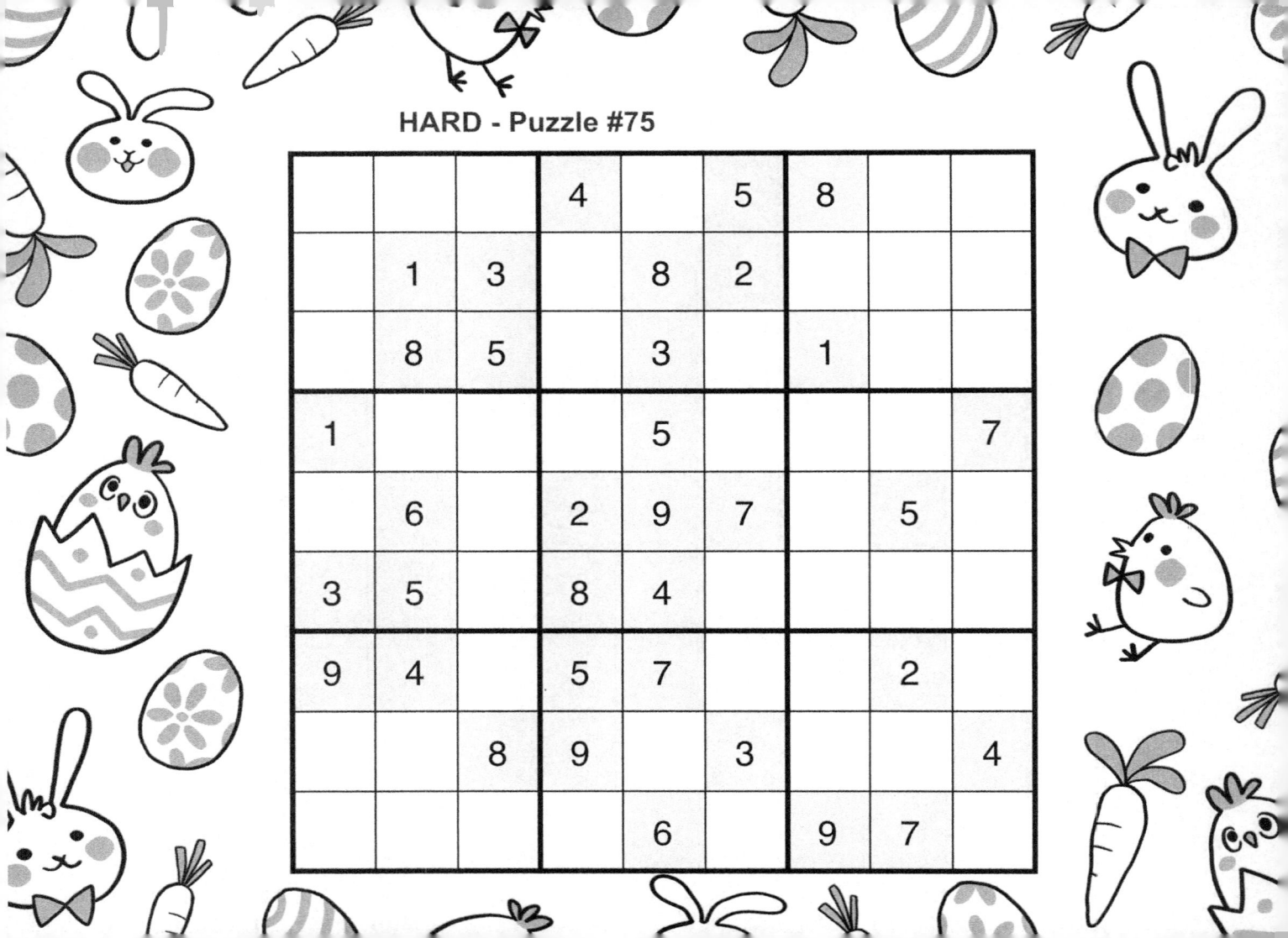

HARD - Puzzle #75

			4		5	8		
	1	3		8	2			
	8	5		3		1		
1				5				7
	6		2	9	7		5	
3	5		8	4				
9	4		5	7			2	
		8	9		3			4
				6		9	7	

SOLUTIONS - LEVEL EASY

Puzzle #1

4	8	5	7	9	1	3	2	6
7	3	9	2	8	6	1	5	4
1	6	2	5	3	4	8	9	7
2	7	3	9	4	5	6	8	1
5	9	6	8	1	3	7	4	2
8	1	4	6	2	7	9	3	5
9	2	1	4	7	8	5	6	3
6	4	7	3	5	9	2	1	8
3	5	8	1	6	2	4	7	9

Puzzle #2

8	5	2	4	6	3	9	1	7
9	7	3	5	2	1	4	8	6
4	6	1	7	9	8	2	5	3
5	9	8	1	4	6	3	7	2
2	1	7	3	8	9	6	4	5
6	3	4	2	5	7	1	9	8
1	2	9	8	3	5	7	6	4
3	8	6	9	7	4	5	2	1
7	4	5	6	1	2	8	3	9

Puzzle #3

1	5	6	8	9	3	7	4	2
7	8	2	4	6	1	9	5	3
4	9	3	5	2	7	6	8	1
3	6	1	2	5	8	4	9	7
9	4	8	3	7	6	2	1	5
2	7	5	9	1	4	3	6	8
5	1	7	6	3	9	8	2	4
6	3	4	1	8	2	5	7	9
8	2	9	7	4	5	1	3	6

Puzzle #4

9	2	3	5	4	7	8	6	1
1	7	4	8	9	6	5	3	2
8	6	5	2	3	1	7	4	9
5	8	7	1	2	4	6	9	3
3	9	1	6	5	8	2	7	4
2	4	6	9	7	3	1	8	5
6	1	2	3	8	9	4	5	7
7	5	9	4	6	2	3	1	8
4	3	8	7	1	5	9	2	6

Puzzle #5

2	3	7	5	6	4	1	9	8
4	1	8	2	7	9	6	5	3
9	6	5	8	1	3	2	4	7
6	8	4	7	2	5	3	1	9
3	5	2	9	8	1	4	7	6
1	7	9	4	3	6	8	2	5
8	9	3	1	4	7	5	6	2
5	2	1	6	9	8	7	3	4
7	4	6	3	5	2	9	8	1

Puzzle #6

5	1	4	2	9	3	8	7	6
9	6	8	5	1	7	4	2	3
3	2	7	4	6	8	5	1	9
2	8	1	7	3	6	9	4	5
7	5	3	9	8	4	1	6	2
4	9	6	1	2	5	3	8	7
6	3	5	8	7	1	2	9	4
1	7	2	3	4	9	6	5	8
8	4	9	6	5	2	7	3	1

SOLUTIONS - LEVEL EASY

Puzzle #7

6	1	9	4	5	7	2	8	3
5	8	4	6	2	3	7	9	1
7	2	3	9	8	1	5	4	6
8	5	2	3	9	6	4	1	7
3	4	7	5	1	8	6	2	9
1	9	6	2	7	4	3	5	8
4	6	8	1	3	2	9	7	5
2	7	5	8	6	9	1	3	4
9	3	1	7	4	5	8	6	2

Puzzle #8

9	1	2	3	5	7	6	4	8
6	4	7	8	1	2	3	5	9
5	8	3	9	4	6	2	7	1
3	6	9	4	7	8	1	2	5
2	5	8	6	9	1	7	3	4
1	7	4	5	2	3	8	9	6
7	2	5	1	6	9	4	8	3
4	3	6	2	8	5	9	1	7
8	9	1	7	3	4	5	6	2

Puzzle #9

2	8	4	7	6	3	5	1	9
1	7	6	9	2	5	4	8	3
5	9	3	1	4	8	6	7	2
7	1	8	4	9	2	3	6	5
3	4	2	6	5	1	8	9	7
9	6	5	8	3	7	2	4	1
4	3	1	2	8	9	7	5	6
8	5	9	3	7	6	1	2	4
6	2	7	5	1	4	9	3	8

Puzzle #10

5	9	6	8	4	7	3	1	2
7	3	4	6	2	1	5	8	9
1	2	8	9	3	5	7	4	6
6	7	2	5	1	3	8	9	4
3	4	1	2	9	8	6	5	7
8	5	9	7	6	4	1	2	3
9	6	5	1	7	2	4	3	8
2	8	3	4	5	6	9	7	1
4	1	7	3	8	9	2	6	5

Puzzle #11

6	5	9	7	4	2	3	1	8
1	3	2	5	6	8	7	9	4
4	7	8	3	9	1	5	2	6
5	1	7	6	3	4	2	8	9
3	9	4	2	8	5	1	6	7
8	2	6	1	7	9	4	5	3
7	8	5	4	2	6	9	3	1
2	6	3	9	1	7	8	4	5
9	4	1	8	5	3	6	7	2

Puzzle #12

1	4	8	6	9	5	2	7	3
3	2	6	8	1	7	5	9	4
5	9	7	3	4	2	6	1	8
6	8	4	5	7	1	3	2	9
2	7	5	9	3	6	4	8	1
9	3	1	2	8	4	7	6	5
7	5	3	1	2	8	9	4	6
8	6	2	4	5	9	1	3	7
4	1	9	7	6	3	8	5	2

SOLUTIONS - LEVEL EASY

Puzzle #13

9	4	3	2	1	7	5	8	6
2	6	5	9	4	8	3	7	1
7	1	8	3	6	5	2	9	4
4	8	6	1	9	2	7	5	3
5	2	7	8	3	4	1	6	9
1	3	9	5	7	6	4	2	8
3	7	1	6	5	9	8	4	2
8	9	4	7	2	3	6	1	5
6	5	2	4	8	1	9	3	7

Puzzle #14

6	2	8	7	1	5	4	3	9
3	1	9	8	4	6	7	5	2
5	7	4	9	3	2	6	8	1
4	9	7	6	2	3	5	1	8
2	8	3	5	7	1	9	6	4
1	6	5	4	8	9	3	2	7
9	4	1	3	5	8	2	7	6
8	5	6	2	9	7	1	4	3
7	3	2	1	6	4	8	9	5

Puzzle #15

1	2	7	9	8	3	6	4	5
6	4	8	5	2	1	7	3	9
3	9	5	6	4	7	2	1	8
5	6	2	1	9	8	3	7	4
8	1	9	7	3	4	5	2	6
7	3	4	2	6	5	8	9	1
9	5	6	4	7	2	1	8	3
2	8	1	3	5	9	4	6	7
4	7	3	8	1	6	9	5	2

Puzzle #16

5	4	3	7	6	8	1	9	2
2	9	6	1	5	3	8	7	4
1	7	8	2	9	4	6	3	5
8	5	4	3	1	6	9	2	7
7	1	2	8	4	9	3	5	6
6	3	9	5	2	7	4	8	1
9	2	1	4	8	5	7	6	3
3	8	5	6	7	1	2	4	9
4	6	7	9	3	2	5	1	8

Puzzle #17

8	9	5	1	4	7	2	3	6
2	6	3	8	5	9	1	4	7
7	1	4	6	2	3	9	8	5
6	8	9	7	3	2	5	1	4
3	4	1	5	9	8	7	6	2
5	7	2	4	1	6	3	9	8
4	5	8	9	7	1	6	2	3
1	3	7	2	6	4	8	5	9
9	2	6	3	8	5	4	7	1

Puzzle #18

7	9	8	5	4	6	1	3	2
6	4	1	3	9	2	7	8	5
3	5	2	8	1	7	6	9	4
5	6	9	1	8	3	2	4	7
2	3	4	6	7	5	9	1	8
1	8	7	9	2	4	3	5	6
9	2	5	7	3	8	4	6	1
4	1	6	2	5	9	8	7	3
8	7	3	4	6	1	5	2	9

SOLUTIONS - LEVEL EASY

Puzzle #19

6	1	7	2	9	5	3	8	4
4	9	3	8	7	1	6	5	2
8	2	5	4	3	6	9	7	1
9	8	6	5	2	7	1	4	3
7	5	2	3	1	4	8	6	9
3	4	1	6	8	9	5	2	7
1	6	4	9	5	2	7	3	8
5	7	8	1	4	3	2	9	6
2	3	9	7	6	8	4	1	5

Puzzle #20

2	8	1	9	5	7	6	4	3
9	7	4	6	3	8	1	5	2
6	3	5	1	4	2	9	8	7
1	9	6	5	8	3	7	2	4
8	4	7	2	6	1	5	3	9
5	2	3	7	9	4	8	1	6
4	5	8	3	7	9	2	6	1
7	6	2	4	1	5	3	9	8
3	1	9	8	2	6	4	7	5

Puzzle #21

8	5	9	3	2	7	4	6	1
2	6	4	1	5	9	8	3	7
3	7	1	8	6	4	9	5	2
1	3	8	5	4	6	7	2	9
7	4	2	9	3	8	5	1	6
6	9	5	7	1	2	3	8	4
5	1	7	2	9	3	6	4	8
4	8	3	6	7	1	2	9	5
9	2	6	4	8	5	1	7	3

Puzzle #22

4	6	3	2	7	1	5	9	8
1	7	5	9	6	8	4	2	3
2	8	9	3	4	5	7	1	6
6	1	4	8	2	7	3	5	9
8	3	2	5	9	4	1	6	7
5	9	7	1	3	6	8	4	2
7	5	8	6	1	2	9	3	4
3	2	1	4	8	9	6	7	5
9	4	6	7	5	3	2	8	1

Puzzle #23

3	9	4	6	5	1	2	8	7
8	5	2	4	3	7	6	1	9
1	6	7	9	2	8	5	4	3
5	8	3	2	9	6	1	7	4
7	4	9	8	1	5	3	2	6
6	2	1	3	7	4	9	5	8
4	7	5	1	6	3	8	9	2
9	3	8	5	4	2	7	6	1
2	1	6	7	8	9	4	3	5

Puzzle #24

2	8	5	7	1	4	3	6	9
1	3	6	9	2	5	4	8	7
7	4	9	8	3	6	2	5	1
6	7	2	3	5	9	1	4	8
9	1	4	2	7	8	6	3	5
3	5	8	4	6	1	9	7	2
8	2	1	6	4	7	5	9	3
4	9	3	5	8	2	7	1	6
5	6	7	1	9	3	8	2	4

SOLUTIONS - LEVEL EASY

Puzzle #25

3	5	6	4	2	9	7	8	1
2	8	7	5	3	1	4	6	9
1	4	9	7	6	8	2	5	3
8	6	1	3	5	7	9	2	4
4	7	5	2	9	6	3	1	8
9	2	3	1	8	4	6	7	5
5	9	8	6	4	2	1	3	7
6	1	4	8	7	3	5	9	2
7	3	2	9	1	5	8	4	6

SOLUTIONS - LEVEL MEDIUM

Puzzle #26

4	6	8	1	2	3	5	7	9
5	7	2	9	4	8	1	3	6
1	3	9	5	6	7	2	4	8
8	1	5	3	7	6	4	9	2
3	4	7	2	5	9	6	8	1
2	9	6	8	1	4	3	5	7
6	8	1	4	9	5	7	2	3
9	2	4	7	3	1	8	6	5
7	5	3	6	8	2	9	1	4

Puzzle #27

8	7	4	5	2	6	3	9	1
5	9	6	7	3	1	4	2	8
3	1	2	4	8	9	7	5	6
2	8	5	9	7	3	1	6	4
7	3	9	6	1	4	2	8	5
4	6	1	2	5	8	9	7	3
1	5	3	8	9	7	6	4	2
6	2	7	3	4	5	8	1	9
9	4	8	1	6	2	5	3	7

Puzzle #28

4	8	6	5	7	1	3	9	2
2	3	1	8	6	9	5	4	7
9	7	5	4	3	2	8	6	1
1	2	7	3	5	6	4	8	9
5	6	8	2	9	4	1	7	3
3	9	4	1	8	7	2	5	6
6	1	2	7	4	8	9	3	5
7	4	3	9	2	5	6	1	8
8	5	9	6	1	3	7	2	4

Puzzle #29

3	9	2	4	6	1	7	5	8
1	6	7	5	8	9	2	4	3
4	8	5	3	2	7	6	1	9
8	2	9	7	1	4	3	6	5
5	7	3	6	9	2	1	8	4
6	4	1	8	3	5	9	7	2
7	3	6	9	4	8	5	2	1
2	5	8	1	7	3	4	9	6
9	1	4	2	5	6	8	3	7

Puzzle #30

5	3	4	6	8	1	2	9	7
8	1	7	4	2	9	3	5	6
6	2	9	7	3	5	8	1	4
3	7	8	1	6	2	9	4	5
2	4	5	8	9	7	6	3	1
1	9	6	5	4	3	7	8	2
4	8	1	9	7	6	5	2	3
9	6	3	2	5	4	1	7	8
7	5	2	3	1	8	4	6	9

Puzzle #31

8	5	7	1	3	6	2	9	4
6	3	2	5	4	9	1	7	8
1	4	9	2	8	7	5	6	3
2	9	1	7	5	3	8	4	6
4	7	6	9	1	8	3	2	5
5	8	3	6	2	4	7	1	9
9	2	5	8	6	1	4	3	7
7	1	4	3	9	5	6	8	2
3	6	8	4	7	2	9	5	1

SOLUTIONS - LEVEL MEDIUM

Puzzle #32

5	9	1	8	3	7	2	6	4
2	7	8	6	9	4	1	5	3
3	6	4	2	5	1	9	8	7
9	3	7	5	8	6	4	1	2
1	5	2	4	7	9	6	3	8
8	4	6	3	1	2	5	7	9
6	8	9	1	4	3	7	2	5
4	1	5	7	2	8	3	9	6
7	2	3	9	6	5	8	4	1

Puzzle #33

1	9	2	8	7	4	3	6	5
7	5	6	2	3	1	9	8	4
8	3	4	6	5	9	7	2	1
5	7	8	3	1	2	4	9	6
6	4	3	7	9	5	2	1	8
9	2	1	4	8	6	5	7	3
3	6	7	9	4	8	1	5	2
2	1	9	5	6	3	8	4	7
4	8	5	1	2	7	6	3	9

Puzzle #34

2	5	1	9	8	7	3	6	4
8	6	4	1	2	3	5	9	7
7	3	9	6	5	4	2	8	1
6	1	8	3	4	9	7	5	2
3	2	7	5	1	6	8	4	9
4	9	5	8	7	2	6	1	3
5	7	2	4	6	1	9	3	8
9	4	6	2	3	8	1	7	5
1	8	3	7	9	5	4	2	6

Puzzle #35

4	5	3	7	9	1	2	6	8
8	7	9	3	2	6	1	5	4
2	6	1	8	4	5	9	3	7
9	4	2	5	7	3	6	8	1
1	3	5	9	6	8	4	7	2
7	8	6	2	1	4	3	9	5
6	9	8	4	5	2	7	1	3
5	1	4	6	3	7	8	2	9
3	2	7	1	8	9	5	4	6

Puzzle #36

7	2	3	5	6	1	9	4	8
1	8	4	7	2	9	5	6	3
6	5	9	8	4	3	7	2	1
3	1	6	2	8	5	4	7	9
5	7	8	6	9	4	3	1	2
9	4	2	1	3	7	6	8	5
2	9	7	3	1	6	8	5	4
8	3	5	4	7	2	1	9	6
4	6	1	9	5	8	2	3	7

Puzzle #37

3	5	2	1	8	7	4	9	6
9	6	7	2	3	4	1	5	8
4	8	1	5	9	6	2	7	3
8	7	4	9	2	1	3	6	5
5	9	6	7	4	3	8	1	2
1	2	3	8	6	5	9	4	7
6	1	8	3	5	9	7	2	4
7	3	5	4	1	2	6	8	9
2	4	9	6	7	8	5	3	1

SOLUTIONS - LEVEL MEDIUM

Puzzle #38

6	3	4	7	9	2	8	1	5
5	7	9	8	6	1	4	2	3
2	1	8	3	4	5	9	7	6
7	8	3	2	1	4	5	6	9
1	5	2	6	8	9	7	3	4
9	4	6	5	7	3	1	8	2
4	6	1	9	3	7	2	5	8
8	9	5	1	2	6	3	4	7
3	2	7	4	5	8	6	9	1

Puzzle #39

4	2	3	5	8	1	9	6	7
6	5	1	3	9	7	4	8	2
7	9	8	4	6	2	5	1	3
8	4	7	6	5	3	2	9	1
5	3	2	1	7	9	6	4	8
1	6	9	2	4	8	7	3	5
2	8	5	9	1	6	3	7	4
3	1	6	7	2	4	8	5	9
9	7	4	8	3	5	1	2	6

Puzzle #40

2	1	7	5	6	4	3	9	8
6	9	4	3	2	8	7	5	1
8	3	5	7	9	1	2	4	6
7	8	9	1	4	5	6	2	3
1	4	2	8	3	6	5	7	9
5	6	3	2	7	9	8	1	4
4	5	1	6	8	7	9	3	2
9	2	6	4	5	3	1	8	7
3	7	8	9	1	2	4	6	5

Puzzle #41

2	4	1	8	6	5	3	7	9
8	5	7	2	9	3	4	6	1
3	6	9	4	1	7	2	8	5
9	1	4	3	8	6	5	2	7
7	8	2	1	5	9	6	3	4
6	3	5	7	2	4	1	9	8
4	7	6	9	3	1	8	5	2
5	9	8	6	4	2	7	1	3
1	2	3	5	7	8	9	4	6

Puzzle #42

8	7	4	1	2	3	9	6	5
2	1	5	4	6	9	3	7	8
6	9	3	7	5	8	1	2	4
3	8	2	9	1	7	5	4	6
1	4	7	6	3	5	2	8	9
9	5	6	8	4	2	7	3	1
4	2	9	5	7	6	8	1	3
5	3	1	2	8	4	6	9	7
7	6	8	3	9	1	4	5	2

Puzzle #43

8	3	5	9	7	4	2	1	6
1	4	7	6	2	8	9	3	5
6	2	9	1	5	3	7	4	8
5	9	1	7	6	2	4	8	3
7	8	3	5	4	9	1	6	2
2	6	4	3	8	1	5	9	7
9	1	8	2	3	7	6	5	4
3	7	6	4	9	5	8	2	1
4	5	2	8	1	6	3	7	9

SOLUTIONS - LEVEL MEDIUM

Puzzle #44

1	9	2	6	4	5	7	3	8
6	8	3	7	9	1	5	4	2
5	4	7	2	8	3	1	9	6
4	1	5	9	6	8	2	7	3
9	2	6	1	3	7	4	8	5
3	7	8	5	2	4	6	1	9
7	6	1	8	5	9	3	2	4
2	3	9	4	1	6	8	5	7
8	5	4	3	7	2	9	6	1

Puzzle #45

7	3	8	6	5	9	2	4	1
4	6	2	7	3	1	8	5	9
1	9	5	2	8	4	3	6	7
8	4	7	5	1	3	9	2	6
5	2	3	4	9	6	7	1	8
9	1	6	8	7	2	4	3	5
2	5	9	1	4	8	6	7	3
6	8	1	3	2	7	5	9	4
3	7	4	9	6	5	1	8	2

Puzzle #46

1	3	9	8	5	6	2	4	7
8	7	6	1	4	2	5	3	9
5	4	2	9	3	7	1	8	6
7	9	3	2	8	5	6	1	4
4	8	5	6	9	1	3	7	2
6	2	1	3	7	4	9	5	8
9	1	4	7	6	3	8	2	5
3	5	8	4	2	9	7	6	1
2	6	7	5	1	8	4	9	3

Puzzle #47

5	4	3	6	7	9	1	8	2
8	2	1	4	5	3	7	9	6
6	9	7	1	2	8	3	5	4
3	1	6	5	4	7	9	2	8
7	5	9	2	8	6	4	1	3
4	8	2	9	3	1	6	7	5
1	7	5	8	6	4	2	3	9
9	6	8	3	1	2	5	4	7
2	3	4	7	9	5	8	6	1

Puzzle #48

5	3	8	6	2	9	7	4	1
7	1	4	5	3	8	2	6	9
6	9	2	7	1	4	3	5	8
9	2	5	1	6	3	8	7	4
3	4	1	9	8	7	5	2	6
8	6	7	2	4	5	9	1	3
4	7	6	8	9	2	1	3	5
1	5	9	3	7	6	4	8	2
2	8	3	4	5	1	6	9	7

Puzzle #49

3	8	1	2	5	9	4	7	6
5	2	6	7	3	4	8	9	1
9	7	4	8	1	6	2	5	3
7	5	3	6	4	1	9	8	2
4	1	8	9	7	2	6	3	5
2	6	9	5	8	3	1	4	7
1	3	7	4	2	8	5	6	9
8	9	5	1	6	7	3	2	4
6	4	2	3	9	5	7	1	8

SOLUTIONS - LEVEL MEDIUM

Puzzle #50

8	7	9	3	1	2	5	6	4
3	5	1	4	6	9	2	7	8
2	6	4	8	7	5	3	1	9
9	8	5	1	4	6	7	3	2
6	4	7	5	2	3	9	8	1
1	2	3	7	9	8	4	5	6
7	9	6	2	3	1	8	4	5
4	1	8	9	5	7	6	2	3
5	3	2	6	8	4	1	9	7

SOLUTIONS - LEVEL HARD

Puzzle #51

6	2	4	8	3	9	7	5	1
7	3	1	4	6	5	2	9	8
5	8	9	1	2	7	4	6	3
9	5	8	6	4	3	1	7	2
1	7	3	5	9	2	6	8	4
4	6	2	7	8	1	9	3	5
2	1	7	3	5	6	8	4	9
8	9	5	2	7	4	3	1	6
3	4	6	9	1	8	5	2	7

Puzzle #52

3	5	4	7	8	2	1	9	6
1	8	7	5	6	9	4	2	3
9	2	6	3	1	4	5	7	8
5	6	3	8	9	1	2	4	7
4	7	8	2	5	3	6	1	9
2	1	9	4	7	6	3	8	5
7	3	5	1	2	8	9	6	4
8	9	2	6	4	5	7	3	1
6	4	1	9	3	7	8	5	2

Puzzle #53

5	8	4	3	1	2	9	7	6
3	2	9	8	7	6	1	5	4
6	1	7	4	5	9	8	3	2
8	3	5	9	6	1	4	2	7
2	4	6	5	8	7	3	9	1
9	7	1	2	3	4	6	8	5
1	6	3	7	2	8	5	4	9
7	9	8	1	4	5	2	6	3
4	5	2	6	9	3	7	1	8

Puzzle #54

2	9	7	4	1	6	8	3	5
1	5	6	2	3	8	4	7	9
8	4	3	5	9	7	2	6	1
5	3	8	9	7	4	6	1	2
4	6	2	1	8	3	5	9	7
9	7	1	6	5	2	3	4	8
7	2	9	3	6	5	1	8	4
6	8	4	7	2	1	9	5	3
3	1	5	8	4	9	7	2	6

Puzzle #55

6	5	9	2	3	4	8	7	1
7	2	3	1	6	8	4	9	5
1	4	8	5	9	7	6	2	3
4	1	6	3	5	9	2	8	7
8	7	2	6	4	1	5	3	9
9	3	5	8	7	2	1	4	6
2	9	4	7	1	6	3	5	8
5	6	7	4	8	3	9	1	2
3	8	1	9	2	5	7	6	4

Puzzle #56

9	1	8	5	2	3	4	6	7
4	5	6	7	8	9	3	1	2
7	3	2	1	4	6	8	5	9
5	6	9	8	7	4	2	3	1
3	2	4	9	1	5	7	8	6
1	8	7	6	3	2	5	9	4
8	4	3	2	9	1	6	7	5
2	9	5	3	6	7	1	4	8
6	7	1	4	5	8	9	2	3

SOLUTIONS - LEVEL HARD

Puzzle #57

4	8	9	7	6	1	3	5	2
5	1	6	8	2	3	9	7	4
3	7	2	5	9	4	1	6	8
8	5	4	9	1	2	6	3	7
9	6	7	3	8	5	4	2	1
2	3	1	4	7	6	5	8	9
6	4	8	1	3	7	2	9	5
1	9	3	2	5	8	7	4	6
7	2	5	6	4	9	8	1	3

Puzzle #58

2	3	5	4	8	6	1	7	9
7	8	6	2	9	1	5	3	4
1	4	9	5	3	7	8	6	2
4	7	3	1	2	9	6	5	8
5	1	2	8	6	4	3	9	7
9	6	8	7	5	3	4	2	1
3	9	7	6	1	8	2	4	5
6	2	1	9	4	5	7	8	3
8	5	4	3	7	2	9	1	6

Puzzle #59

9	3	2	7	1	4	5	6	8
4	6	5	3	2	8	9	1	7
8	7	1	5	6	9	3	4	2
5	1	7	2	8	3	6	9	4
2	9	4	6	7	5	8	3	1
3	8	6	9	4	1	2	7	5
7	4	3	8	5	6	1	2	9
6	2	8	1	9	7	4	5	3
1	5	9	4	3	2	7	8	6

Puzzle #60

2	5	9	1	7	6	3	8	4
1	7	3	9	8	4	2	5	6
6	4	8	2	3	5	7	1	9
7	1	2	6	4	3	8	9	5
5	9	4	8	2	1	6	3	7
3	8	6	5	9	7	1	4	2
8	2	7	3	5	9	4	6	1
4	6	5	7	1	8	9	2	3
9	3	1	4	6	2	5	7	8

Puzzle #61

2	1	3	5	9	8	7	6	4
5	9	7	1	6	4	8	3	2
6	8	4	2	7	3	5	9	1
9	2	1	4	8	5	3	7	6
7	5	6	3	2	9	4	1	8
3	4	8	7	1	6	9	2	5
8	6	5	9	3	2	1	4	7
1	3	2	8	4	7	6	5	9
4	7	9	6	5	1	2	8	3

Puzzle #62

7	3	4	2	6	9	8	1	5
6	9	5	1	7	8	4	3	2
8	1	2	4	5	3	6	9	7
9	5	7	8	1	4	3	2	6
2	4	1	9	3	6	5	7	8
3	6	8	7	2	5	1	4	9
1	2	3	5	8	7	9	6	4
4	8	6	3	9	2	7	5	1
5	7	9	6	4	1	2	8	3

SOLUTIONS - LEVEL HARD

Puzzle #63

2	9	6	7	1	5	8	4	3
3	4	1	9	6	8	7	5	2
8	7	5	3	4	2	9	6	1
5	2	7	1	9	4	6	3	8
4	3	8	2	5	6	1	7	9
1	6	9	8	7	3	5	2	4
7	1	3	5	2	9	4	8	6
9	8	4	6	3	7	2	1	5
6	5	2	4	8	1	3	9	7

Puzzle #64

3	1	5	7	4	2	8	6	9
4	9	8	1	5	6	2	3	7
2	6	7	9	8	3	5	1	4
8	3	9	2	1	5	4	7	6
1	2	4	6	3	7	9	5	8
7	5	6	8	9	4	1	2	3
6	4	2	5	7	9	3	8	1
9	7	1	3	2	8	6	4	5
5	8	3	4	6	1	7	9	2

Puzzle #65

1	3	9	2	4	5	6	8	7
7	2	4	6	9	8	1	5	3
5	6	8	1	7	3	9	4	2
9	5	7	4	1	6	3	2	8
3	1	2	5	8	7	4	6	9
8	4	6	3	2	9	7	1	5
4	7	1	9	5	2	8	3	6
2	8	3	7	6	1	5	9	4
6	9	5	8	3	4	2	7	1

Puzzle #66

8	5	6	7	1	2	4	9	3
2	9	7	5	4	3	8	1	6
3	4	1	9	8	6	7	2	5
6	7	2	1	9	5	3	4	8
9	3	8	6	7	4	1	5	2
4	1	5	2	3	8	6	7	9
5	2	3	4	6	7	9	8	1
1	8	4	3	5	9	2	6	7
7	6	9	8	2	1	5	3	4

Puzzle #67

7	9	4	1	3	5	2	8	6
5	1	2	6	8	9	3	7	4
3	8	6	2	7	4	5	1	9
1	4	7	9	5	6	8	3	2
2	5	3	7	4	8	6	9	1
9	6	8	3	2	1	4	5	7
8	3	1	4	9	2	7	6	5
6	2	5	8	1	7	9	4	3
4	7	9	5	6	3	1	2	8

Puzzle #68

9	2	8	1	4	7	3	6	5
7	5	4	8	3	6	2	1	9
3	1	6	5	2	9	4	7	8
4	7	3	9	8	1	5	2	6
8	9	1	2	6	5	7	4	3
2	6	5	4	7	3	9	8	1
5	4	7	3	1	8	6	9	2
1	3	2	6	9	4	8	5	7
6	8	9	7	5	2	1	3	4

SOLUTIONS - LEVEL HARD

Puzzle #69

1	9	6	5	2	4	7	3	8
2	8	3	7	9	1	5	4	6
5	4	7	8	6	3	9	2	1
6	3	5	9	4	7	8	1	2
7	1	4	6	8	2	3	5	9
8	2	9	1	3	5	6	7	4
3	7	8	4	1	6	2	9	5
9	5	1	2	7	8	4	6	3
4	6	2	3	5	9	1	8	7

Puzzle #70

3	6	2	7	8	1	5	4	9
9	1	8	4	3	5	7	6	2
4	7	5	2	6	9	8	3	1
7	3	6	8	5	2	1	9	4
5	9	4	1	7	6	3	2	8
2	8	1	9	4	3	6	5	7
1	5	7	3	2	4	9	8	6
8	2	3	6	9	7	4	1	5
6	4	9	5	1	8	2	7	3

Puzzle #71

4	8	3	9	1	2	7	6	5
2	7	1	5	4	6	8	9	3
6	9	5	3	7	8	2	4	1
1	6	9	7	8	4	5	3	2
3	4	7	2	6	5	1	8	9
5	2	8	1	9	3	6	7	4
7	3	2	8	5	9	4	1	6
9	1	6	4	2	7	3	5	8
8	5	4	6	3	1	9	2	7

Puzzle #72

7	9	8	1	2	5	6	3	4
2	4	6	3	8	9	1	7	5
5	1	3	6	7	4	9	8	2
9	8	2	4	1	3	5	6	7
4	7	1	2	5	6	8	9	3
3	6	5	7	9	8	4	2	1
8	2	7	9	4	1	3	5	6
6	5	4	8	3	2	7	1	9
1	3	9	5	6	7	2	4	8

Puzzle #73

4	9	5	3	6	1	7	2	8
3	1	7	2	4	8	5	6	9
8	6	2	5	9	7	1	4	3
9	7	8	4	2	6	3	5	1
5	2	3	1	8	9	4	7	6
1	4	6	7	3	5	9	8	2
2	3	1	8	7	4	6	9	5
6	8	4	9	5	3	2	1	7
7	5	9	6	1	2	8	3	4

Puzzle #74

1	2	7	3	5	9	8	6	4
4	9	8	1	7	6	3	5	2
3	5	6	8	4	2	9	7	1
5	7	1	4	3	8	2	9	6
2	4	9	6	1	5	7	8	3
8	6	3	9	2	7	4	1	5
9	8	5	2	6	4	1	3	7
7	3	4	5	9	1	6	2	8
6	1	2	7	8	3	5	4	9

SOLUTIONS - LEVEL HARD

Puzzle #75

7	9	6	4	1	5	8	3	2
4	1	3	6	8	2	7	9	5
2	8	5	7	3	9	1	4	6
1	2	9	3	5	6	4	8	7
8	6	4	2	9	7	3	5	1
3	5	7	8	4	1	2	6	9
9	4	1	5	7	8	6	2	3
6	7	8	9	2	3	5	1	4
5	3	2	1	6	4	9	7	8

Printed in Great Britain
by Amazon

58009292R00051